好成绩男孩一定要做的50件事

学习的竞争就是学习效率的竞争。成长离不开学习，抵达成功的巅峰离不开学习。学习应该是最快乐的事。然而，许多男孩学得并不快乐，学习甚至成了没完没了的苦役和无法摆脱的噩梦。这时候，男孩需要找回学习的乐趣。好成绩男孩将帮助你找回快乐。

超级畅销书

任福和◎著

吉林出版集团有限责任公司

图书在版编目(CIP)数据

好成绩男孩一定要做的50件事 / 任福和著. —长春:
吉林出版集团有限责任公司, 2015.10

ISBN 978-7-5534-8548-5

Ⅰ. ①好… Ⅱ. ①任… Ⅲ. ①男性-学习方法-青少年读物
Ⅳ. ①G791-49

中国版本图书馆CIP数据核字(2015)第213234号

好成绩男孩一定要做的50件事

作　　者　任福和
选题策划　北京瀚文锦绣国际文化有限公司
策划编辑　陶雅慧
责任编辑　齐　琳　　史俊南
封面设计　孙希前
开　　本　710*1000　1/16
印　　张　15
版　　次　2016年3月第1版
印　　次　2016年3月第1次印刷

出　　版　吉林出版集团有限责任公司
电　　话　总编办:010-63109269
　　　　　发行部:010-52473226
印　　刷　北京天正元印务有限公司

ISBN 978-7-5534-8548-5　　定价:35.00元

前 言

“我的孩子这次考试成绩又滑坡了！”许多家长说过这样的话。

“你这孩子怎么那么不听话？”面对孩子的行为做父母的常常忍不住脱口而出。是的，天凉了让加衣服就是不加，地板凉可就是要打光脚，就是不要刷牙，就是要把饭弄得满桌子都是，就是不叫叔叔阿姨，就是要把屋子弄得乱七八糟，到吃饭的点儿了可就是还要看电视，就是不愿意做作业……全是怎么说都不听。

是啊，所有的家长都希望自己的孩子是最听话最优秀的，永远朝“第一”的目标迈进，但是，问题是“第一”只有一个，不可能所有的学生都能拿“第一”。

有关专家指出，现在许多的中小学生都患有不同程度的心理疾病，他们承担的压力太大。

试想一下，从孩子懂事的时候开始，我们就对孩子施加了多少压力？有的家长望子成龙心切，从幼儿园开始便对孩子“定向培养”，由家长给孩子选择兴趣爱好，我们常常在街道能见到小小的孩子背着乐器穿行在人群中，他们脸上的表情是沉重的，很少看到这些孩子脸上有灿烂的笑容。为了让孩子考出好成绩，有些家长从孩子小学开始便寻找老师为其补课，一个还在上小学的孩子无奈地说：“我的周末全都补了课，周六数学，周日英语。每到周末，我的头就疼！”

许多家长也认为这样做对孩子是不公平的，但是，谁又敢放松呢？如果孩子的学习成绩上不去，孩子还会有美好的未来吗？

只是，这些学生家长是不是考虑过对孩子“施压”的效果？如果孩子对学习产生了一种惧怕的心理，如果这种学习是被动的而非主动的，那么，要取得良好的学习成绩恐怕是很难的。

教育绝不是简单的知识传授，而是一个创造过程，是一个人的生命历程。因此，要与孩子的心灵进行沟通和碰撞；要研究孩子内化的过程与规律；要研究如何去激活知识；要研究方法，如何去启迪孩子；等等。每个家长都应将教育视为孩子共同经历的精神生活过程，自我发现和探索真理的过程，以及生命活动和自我实现的方式。

本书不仅告诉孩子应该怎样学习，还告诉你如何教孩子待人接物；尊重他人，站在对方的立场上考虑问题；做孩子养成学习好习惯的得力助手，帮助孩子学会享受学习的无穷乐趣，在轻松、愉悦的学习中茁壮成长。

目 录

第一章

成长要有志向

每个男孩都需要一颗渴望成功的心，都需要自己出类拔萃，因为心界决定一个人的世界。只有渴望成功，你才能有成功的机会。成功学大师卡耐基曾说：“欲望是开拓命运的力量，有了强烈的欲望，就容易成功。”成功是努力的结果，而努力又大都产生于强烈的欲望。

第一件事
男孩要渴望出类拔萃

一个成功的人首先要有成功的心态。大概所有的父母都已意识到心态对一个人最终成功的重要性。具有同样智力水平和同等机会的人，为什么有的会脱颖而出，戴上成功的花环，有的却只能默默叹息？究其根源，就是渴望成功的心态，渴望在众人中能够出类拔萃。

一、男孩要明确自己的志向

中国有句俗话："有志者，事竟成。"一个人要想成功必先立志，这就像登山，必须先有登山的念头，然后再一步一步地往上爬，最后才能达到山顶。

电脑奇才比尔·盖茨从小就与众不同，他有自己的抱负和志向。他曾经对爱德蒙德说："与其做一株绿洲中的小草，还不如作一棵荒丘上的橡树。因为小草千篇一律，毫无个性，而橡树则高大挺拔，傲立天空。"比尔·盖茨很小的时候，就从母亲那里得到启发：人的生命来之不易，要珍惜上帝带给每个人的这一伟大馈赠。他在日记中写道："也许，人的生命是一场正在焚烧的'火灾'，一个人所能去做的，也必须去做的，就是竭尽全力要在这场'火灾'中去抢救点什么东西出来。"由此可见，比尔·盖茨在小时候就已经立下了与众不同的志向，他当时所达到的思想境界和觉悟已经远远超出了他的同龄人。有了这个志向，比尔·盖茨做任何事情都很专注，因为他有一种想要成就一番大事业的强烈欲望。爱德蒙德这样评价比尔·盖茨："学校里开设的课程和老师布置的作业，不管是演奏乐器，还是写作文，他都会倾其全力来完成。"

爱德蒙德回忆说，有一次，老师布置了一道家庭作业，要求学生写一篇关于人体特殊作用的作文，大概要写四五页。结果比尔·盖茨一口气写了30页之多。

如果自幼胸无大志，长大后就会放任自流、不思进取。志向是孩子勤奋的动力。如果孩子在小时候便树立了远大的志向，他就能够用这个志向去激励自己，从而实现自己的志向。

有一次，李云经带着儿子李嘉诚到了汕头的海边。他一边指着港口来往如梭的巨轮，一边给李嘉诚讲解生活的道理。但是，年幼的李嘉诚对父亲讲的生活道理并没有放在心上，反而对停靠在码头的巨轮产生了兴趣。

他觉得这么大的轮船可以稳稳当当地在海上航行是非常不可思议的事情。于是，他指着巨轮对父亲说："爸爸，我将来也要做大船的船长！"父亲高兴地对儿子说："好孩子，真有志向！但是，做一个船长非常不容易，他必须考虑很多问题，思考必须很全面。"父亲把手放在李嘉诚的肩膀上说："你看，现在天气很好，船只在海中航行就比较安全。但是，如果出海后，风暴来了怎么办？做船长的人，就得提前想到这种情况，提早做好一切准备工作。其实，做任何事情都要像做船长一样，预先考虑周全，随时准备应付一切问题。"

李嘉诚从小就树立了做船长的志向，并向着这个目标不断努力。虽然，他最终没有做成船长，但是他一直以船长的意识去经营他的公司和人生。他喜欢把自己的人生比作一条船，喜欢把自己的李氏王国比作一条船。他曾经自豪地说："我就是船长，我就是这条航行在波峰浪谷中的船的船长。"

英国维京集团董事长理查德·布朗森这样讲述父亲对自己的支持：我15岁时就开始创办一份杂志，它占用了我大量时间。中学校长让我做出抉择，继续上学或退学去办杂志。我想离校，而父亲试着动摇我的念头，就像一些慈爱的父亲都会做的那样。但当他发现我已下定了决心，他说："理查德，我23岁那年，听从你祖父的劝告学了法律。此后我总是追悔莫及，我想成为一名考古学家，可没有坚持自己的志向。你知道我想说什么，去把你的理想变成美好的现实吧。"

就这样理查德编辑发行了一个小小的出版物并命名为《学生》，后来成为一本为全国年轻人所喜爱的杂志。

在现实生活中，每一个父母要及时发现孩子的志向，然后指导孩子树立远大的志向，并向着志向不断努力前进。

二、激发孩子的上进心

高深的道理常常无法唤起孩子的上进心，压制更不是促使孩子热爱学习的好方法，最好的方法是引导和激励，这样才能给孩子以足够的动力，激发出他的上进心。

孩子的成长进步，离不开父母的正确引导和激励。因此要想使孩子成功，就必须先给予孩子足够的动力。对于孩子来说，只讲复杂的道理是行不通的。帮助孩子的根本，就是激发孩子的上进心。孩子强烈的上进心，首先来源于对远大目标的执着追求。所以家长应帮助孩子从小树立远大的目标，激发孩子为了实现目标而百折不挠的上进心。

（1）旺盛的求知欲是激发孩子上进心的内在动力

求知欲在孩子身上表现得尤为突出，这是一种可贵的主动求知的表现。一个求知欲强烈的人，总是用好奇的目光注视着周围世界的一切事物，从中捕捉自己需要的奇妙的猎物，获取新的知识。

爱因斯坦小的时候，父亲给他买来一个小罗盘玩。小爱因斯坦拿到这个玩具，高兴极了，摆弄来摆弄去爱不释手。忽然，他的眼睛被玻璃下面轻轻抖动的那根红色小针吸引住了。他把罗盘翻转过来，倒转过去，可罗盘下的那根小红针，老是指着原来的方向不变。他好奇地问父亲："爸爸，这根小红针怎么老是不变方向呢？"父亲没有马上回答他的提问，而是对他说："你再好好思考思考。"

就这样，一个小罗盘唤起了这位未来科学家探索事物原委的好奇心。可见，求知欲具有神奇的效力，它能激发起孩子学习的热情和毅力，激发起孩子强烈的上进心。

当孩子在奋斗目标和求知欲的驱动下积极进取时，身上的缺点会越来越少，而优点会越来越多，家长此时更应当不断地激励孩子，使他保持永远的上进心，纠正身上的毛病，攻克学习的难关，一步步实现他的人生理想。

（2）表扬、鼓励是激发孩子上进心的有效方法

孩子都希望得到表扬、肯定和鼓励，当他们由于进步或是做了好事而受到父母的表扬和鼓励时，都会在情绪上得到满足，在精神上受到激励，在心理上产生快感。这样，积极的内心体验就会逐步丰富和加深，从而更增加自信心、自尊心和上进心，产生再进步或做好事的欲望。如果孩子总是受批评，总是产生不快的内心体验，他们的情绪就越来越低落，逐渐丧失自信心、自尊心和上进心，缺点也就越来越难以改正。

其实，缺点再多、毛病再多的孩子身上总有积极因素，总有所长，只不过是不太显著、突出而已。如果父母不抱成见的话，肯定会发现孩子身上有很多的优点。问题是，很多父母对于身上有些缺点的孩子总是抱有成见、偏见，从感情上就讨厌，即使孩子有积极的因素也视而不见。抱着这种态度和情绪教育孩子，只能是批评来批评去，孩子的进取心和精神支柱就在父母无休止的批评中被销蚀、被搞垮，反而更难以教育了。

清代教育家颜元曾说："数子十过，不如奖子一长。"这个原则对于任何孩子都是适用的。对那些表现不太好的孩子来说，尤其要少批评，

多表扬。这样做，有时候会在孩子身上产生奇效。

有一个孩子很贪玩，每天放学后就像出笼的小鸟，尽兴地玩耍，直到玩得满头大汗，才去做作业，作业写得也极为马虎，常常出错。父亲为此很生气，几乎天天批评、数落他，可孩子总也改正不了贪玩的毛病。恰好孩子的舅妈来了，她是个教师。舅妈看这孩子和小朋友玩得很好，趁他回家喝水的工夫，边替他擦汗边对他说："你跟小伙伴们玩得不错，很团结，还知道让着别人，真是个好孩子。你能不能先和小伙伴们一块做完作业再玩？做完作业再玩，不是玩得更开心吗？"孩子很懂事地点点头。从此，孩子逐渐养成了一个好习惯，他总是一放学先做作业，然后再去玩。为什么这样就很有效呢？是因为舅妈发现并抓住了孩子能团结人、知道谦让这一积极因素，给予充分肯定，使之受到了激励，然后加以引导。

在某些行为习惯不太好的孩子身上，积极因素表现得不太明显，甚至是潜在的，很难发现，父母必须努力克制自己无益的感情冲动，不用直接批评，而改用期望、信任和鼓励，用正面激励的方法，这样的效果肯定会很好。

作为父母，在表扬和鼓励孩子时，应该注意以下几条准则：

①要使你表扬和鼓励的语言有变化，避免多余的言辞。

②不断地寻找孩子值得表扬的行为。假如过去很少表扬孩子，那么对他的表扬不要一时倾盆大雨，而要自然增多，使孩子不感到造作。

③真诚的、衷心的表扬，才是最有效的。

④用愉快的表情和声音表扬孩子时，应用目光注视着他。

⑤孩子由于做出了努力而获得了成就，应及时地给予表扬。但不要对他们做的每一件小事，都给予过多表扬。

⑥避免在表扬时加上消极的评语和进行对比，或加上习惯性的批评，

致使表扬作用受到影响。

父母一定要懂得去发现孩子的正确行为，而且予以鼓励和赏识，这需要父母在孩子的日常生活中投入一定的耐心和爱心。只有这样，才能给孩子以进步的动力，使孩子自觉地成为健康、快乐、积极上进的人。

成长实用智慧

成功后所定的目标较高而失败后所定的目标则比较低，这是人之常情，一般人都无法避免。但是，我们要注意的是千万不要因为害怕失败而将目标定得太低，同样，也不可在成功后得意忘形，而把目标定得过高，也就是说，要尽量缩小成功和失败后所定目标的差距。

第二件事
成长要有强大的自信心

高尔基曾经有过这样的表述："只有满怀自信的人，才能在任何地方都怀有自信，沉浸在生活当中，并实现自己的意志。"如果一个人失去了自信心，就会被颓废和绝望所困扰，有可能因此而毁掉自己的一生。

一、男孩要树立自信

自信是人们事业成功的阶梯和不断前进的动力。在许多伟人身上我们都可以看到这种超凡的自信心。正是在这种自信心的驱动下，他们敢于对自己提出更高的要求，并在失败中看到成功的希望，鼓励自己不断努力，从而获得真正的成功。

居里夫人在巴黎求学的时候，过着艰苦的生活，但是，她并不气馁，而是以超人的毅力和勤奋，在短短的 3 年里，先后获得物理学和数学学士学位。她说："我们应该有恒心，尤其要有自信！我们必须相信，我们的天赋是要用来做某种事情的，无论代价多大，这种事情必须做到。"

关于自信，一代成功励志大师拿破仑·希尔曾说过："信心的力量是惊人的，相信自己，那么，一切困难都将不会是困难的。因为自信心是一种积极的心理品质，是促使人向上奋进的内部动力，是一个人取得成功必备的、重要的心理素质。"

《东方之子》栏目记者在采访邓亚萍时问道："是什么力量促使你每次都获得冠军呢？"邓亚萍举起一个大拇指说："我，自信！"

可见，自信能产生强大的力量。自信已经成为人们成就伟业的先导，具有自信心的人，可以化平庸为神奇，化渺小为伟大，创造出惊人的力量。

自信对孩子的发展同样有着巨大的促进作用。如果孩子是个充满自信心的人，那么他就会积极主动做事、勇于尝试、乐观进取、富于挑战；如果孩子缺乏自信心，那么他就会表现出对新事物的迷惑或恐惧心理，不敢主动与人交往，不敢面对困难与挫折，从而失去许多学习和锻炼的机会，影响到自身的发展。

遗憾的是，在现实生活中，缺乏自信心的孩子随处可见。一次对全国各地1000余名6～12岁孩子所做的专题调查发现:40%的孩子声称“至少对自己的一两个方面完全丧失信心”。他们有的对自己的外貌、身高、体重等生理条件没有信心，有的则对自己的学习、交往等方面感到悲观。进一步调查表明：这些缺乏信心的孩子往往不论在外貌还是能力上，都不比别的孩子逊色。

因此，激发孩子的自信，让孩子挺起自信的胸膛，是父母应该重视的问题。有一句教育名言是这样说的：“要让每个孩子都抬起头来走路。”能抬起头来就意味着孩子对自己、对所要做的事情以及对于未来都充满了信心。任何一个人，当他把头抬起来、大步前进的时候，他的心里其实隐藏着许多潜台词——“我不比别人差！”“我的目标一定能够达到!”“我是最棒的!”“一点小小的失误对我来说算不了什么！”……假如每一个孩子心里都装着这样的潜台词，都对自己充满着自信，肯定都能不断进步，成为积极上进的人。

美国专业作家马尔科姆·戴尔科夫，就是因为老师的鼓励，从而激发了自信，走上写作的道路的。

戴尔科夫小的时候，曾经住在伊利诺伊州的罗克艾兰。由于他无依无靠，因此十分自卑。有一天，他的中学英语老师露丝给孩子们布置了作业，要求他们在读完小说《杀死一只知更鸟》末尾一章之后，发挥自己的想象力续写后面的部分。

戴尔科夫看完后，写了许多自己的想象，为文章做了一个有意思的结尾，并把作业交给老师。老师在看完戴尔科夫写的结尾后，就在他作业本的页边上用红笔写下了四个字的评语："写得不错！"正是因为这四个字，戴尔科夫在以后的写作道路上孜孜以求，最终成为美国著名的作家。

戴尔科夫回忆道："当时看到老师的四字评语，我决心要写出一个短篇小说——这是我一直想做却又不敢相信自己能做的事情。"在接下来的学习生活中，他写了许多短篇小说，每次都让老师来评阅。老师不光指出他写作中的缺点，更重要的是总是给他鼓励。后来，随着写作越来越娴熟，戴尔科夫被提名当上了学校校报的编辑，随后，他越来越自信，于是就开始了他卓有成就的一生。戴尔科夫说："如果没有老师在作业上写下的那四个字，我就不可能有后来取得的一切。"

玛格丽特·撒切尔夫人是一位默默无闻的小杂货商的女儿，可是通过自己的奋斗却成为英国历史上第一位女首相。她的崛起引起了欧洲和世界其他各国的注意，她被称为"铁娘子"。她的成功与她的父亲自幼对她的谆谆教诲密不可分。

撒切尔夫人的父亲罗伯茨，是一位白手起家的杂货商。女儿很小的时候，他就对她寄予厚望，希望她将来能有所作为。为此，当撒切尔夫人5岁开始上学时，父亲把她送入学校，并从那时起就不再允许她说"我不会"或"太难了"之类的话。她父亲经常带她去听音乐会、演讲，和她一起读许多名人自强、自信、自立的传记。她父亲教她对自己要有信心，千万不要去迎合别人，并经常对她说：自己要有主见，不要人云亦云。

正如后来她在当选为首相时所说："我父亲的教诲是我信仰的基础。我在那个十分一般的家庭里所获得的自信教诲正是我大选获胜的武器之一。"

戴尔科夫和撒切尔夫人的成功经历也告诉我们一个道理：鼓励能激发孩子的自信心，有了自信心，就有了成功的基础。

二、给自己一点"赢"的感觉

学习是项艰苦的任务，需要成就感来提升学习动力，家长要做的就是让孩子有"赢"的感觉。许多家长曾抱怨道，赏识教育不管用，"我天天对孩子说‘你真棒’，但一个月下来，孩子一点好转都没有”。对此，专家称，让孩子有成就感，一定要他自身认可自己，反之，旁人再多的溢美之词也不管用。

这又是个真实的事例：一个孩子学习特别粗心，为此，家长头疼极了。“和孩子一起玩‘警察找坏蛋’的游戏吧。”专家建议说。于是每天孩子做完作业后，大人陪他玩游戏，孩子是警察，作业中的错误是坏蛋。随着孩子的一声声欢呼，他作业中的错误也越来越少。

另一名女孩在课堂上读英语时，因为语调不准被同学嘲笑，从此不再开口说英语。母亲在请教专家后有了主意，一天，女孩的爸妈对她说：“今天有位外国人要和我们交流一下工作上的事，可我们听不懂也不会说，太丢人了！以后你就教我们学英语吧。”女孩听了两眼放光。这之后，每天晚上，女孩开始给爸妈上起了英语课，这一做法不光让孩子再次开口，还促进了她自身的学习。

其实每个孩子内心深处都有梦想，有时不愿轻易向人道出，因为害怕被人嘲笑。对此，家长要少点唠叨，多点理解和鼓励，让孩子说出自己的梦想。有了家长精神和物质的支持，孩子的路会走得更稳健些。

成长实用智慧

自信正是一种美妙的生活态度，当我们一事无成时，我们会怀疑自己的能力，被自卑感所打倒，于是我们觉得生活痛苦、暗淡无光；我们建立了自信，思想上也变得乐观、豁达，从而我们的生活也随之变得美好了。所以只要我们有自信心，它就会激发我们的生命力量，这种力量如同火，可以焚烧困难，照亮智慧。人不能失去自信，否则生活的重担就无法挑起，前进的路上就会寸步难行，心中的希望就会暗淡无光。

第三件事
让孩子养成珍惜时间的习惯

孔子曾经伫立在一泻千里的河边，感慨时间就像河水一样正在不停地流逝着，由此给后世留下了一句警言：“逝者如斯夫，不舍昼夜！”

对于时间的这种珍爱和慨叹，年龄越大，经历越丰富的人，感受自然也越深刻。所以面对时下许多孩子沉溺于网络和游戏之中，一连数小时甚至熬通宵的行为，家长们才会显得那么急切、焦虑、忧思和痛心。

还有沉溺于武侠小说中的孩子，金庸、梁羽生、古龙、温瑞安、司马紫烟等的书一本接一本，一个都不放过。课下课上，w学校家中，宝贵的时光就这样被白白耗在了武侠小说上。

还有就是痴迷电视的孩子，偶像剧、古装片，连球赛等一个都不会拉下，加之全国几十个卫视节目给孩子提供了极大的选择面，他们把大把时间都用在泡电视上，让家长忧心忡忡头痛不已却又一筹莫展。而一到学习时候，他们就是糊里糊涂过日子了，摸摸这个，又碰碰那个，或者完全从兴趣出发，或者干脆将学习任务堆积起来，一直拖到不得不完成时为止。

造成此种现象的原因，究其实质，还是没有培养起孩子珍惜时间的习惯。须知习惯的好与坏都是养成的。在日常生活和学习中我们可着力去纠正孩子对待时间的淡漠观念，逐步培养他们重视时间的意识。

1．每天和孩子一道背一条惜时名言

让孩子认识到时间是每个人最易拥有也是最易失去的个人资源。而把握时间最重要的就是要把握现在。俄国著名作家列夫·托尔斯泰说：“记住：只有一个时间是最重要的，那就是现在！”西方有一句谚语也说得好：碌碌无为的人磨时间，无理想的人混时间，懒惰的人熬时间，勤奋的人挤时间。

大凡有所成就的人都是惜时如金的人。莎士比亚警示世人说，抛弃时间的人，时间也抛弃他。所以，鲁迅先生才启迪我们：时间就像海绵里的水，只要愿意挤，总还是有的。一句话，让孩子逐渐认识到：盛年不重来，一日难再晨。及时当勉励，岁月不待人。

2．正反利用孩子的“大脑兴奋时段”

珍惜时间，不等于说“学习时间越长越好”，不舍昼夜，有张无弛，疲劳轰炸，只会导致神经衰弱，影响身体健康，学习效果自然也不会好。须知贪玩是孩子的天性。家长可以通过定期与孩子交流对时间的认识来准确了解其大脑皮层的最佳兴奋时段。

每个人的这一时段都是不太一样的，比方巴金喜欢挑灯夜战，艾青则早上诗兴大发，福楼拜则习惯于通宵写作。家长可与老师配合，把一天中比较重要的学习任务在这一时段交予孩子完成，这样花较少的时间可以完成较多的工作，让孩子产生一种高效利用时间的成就感。

与此同时，有意识地将孩子玩的时间挤在大脑皮层处于抑制状态的时间段，长期如此会让孩子产生出一种“玩原来也这么没劲儿”的心理，从而在一定程度上截断其贪玩费时的心理路径。培根说得好，合理安排时间，就等于节约时间。

3．适时提醒孩子遵守作息时间表

学习最忌信马由缰、放任自流，成功往往来源于长期的坚持不懈。但学习不是一朝一夕的事，应打“持久战”，就像马拉松长跑，不能随时随刻都用全力去拼。通盘策划，方为胜算。古人云：“文武之道，一张一弛。”所以可以结合孩子的实际情况，在孩子、老师和家长三方参与的前提下，在充分尊重和考虑孩子休息娱乐的基础上，为其制定出一份合理的时间表，适时提醒孩子遵守。时间一长，可以培养起孩子对时间的一种无声的遵从，使其树立起一种守时的意识，从而养成惜时的习惯。守时是做事有成的重要环节。从小养成守时的习惯，不仅到时就能自然地安心学习，提高学习自觉性和学习效率，而且有利于将来适应社会生活。

4. 不要丢弃时间的“边角余料”

零零碎碎的时间具有极大的利用价值，大块时间的学习反倒容易导致疲劳的积累，使学习效率受到很大影响。零碎时间的学习能保持大脑的兴奋状态，效果极佳。而且，利用零碎时间学习一些必须熟记的生词、公式、规则等，有利于反复记忆，加深印象。利用零碎时间的技巧很多，比方家长可以为孩子准备一个可随身携带的小本子，记上要背的知识点，有空就读一遍；在起床、洗脸、刷牙、就餐等活动场所的墙上，钉上一个和视线等高的小夹子，夹上一张卡片，卡片上写上当天要背的单词、公式等；还可运用录音机，把要背的知识内容录下来，吃饭、洗脚的时候都可以听。总之，利用零碎时间反复记忆，不仅会明显提高孩子学习效率，长时间后还会培养孩子对时间“紧抓不放”的习惯。

成长实用智慧

从生理学观点看，人的全身是一个整体，各个部位所以能和谐地运动，全靠中枢神经系统的调节。因此，学习时间太久，脑神经细胞的兴奋状态就会下降。所以必须休息好，列宁说不会休息的人就不会工作。而休息的最好方式就是不同性质的工作交叉起来。车尔尼雪夫斯基说：“工作的变化，便是休息。”休息好，效率自然高，时间的利用率也就高，从而达到珍惜时间的目的。

第四件事
帮孩子制订计划

我们都知道，做事没有计划是很难成功的，孩子的学习也一样，如果没有计划，那么便是一盘散沙。学习的目标不明确，学习的效果就不会理想，而有计划的学习却可以避免这一切学习上的弊病。正像建造楼房先要有图纸，打仗先要有部署一样，孩子要想成功有效地学习，就必须帮他们制订好一套切实可行的计划。

中国古代教育家孔子说过："凡事预则立，不预则废。"这就是说，做任何一件事如果事前有准备，就往往能成功，而没有准备则常常会失败。法国著名文学家雨果说："有些人每天早上预定好一天的工作，然后照此实行。他们是有效利用时间的人。而那些平时毫无计划，靠遇事现打主意过日子的人，只有混乱二字。学习也是一样，有计划的人，不仅学习有条理、有顺序，而且有目标、有方向。这样当然效果会比没计划随意学要好得多。"

正在上学的王飞愁眉苦脸地说："为什么我每天几乎把所有的时间都用在了学习上，可是作业还是做不完，而有的同学平时玩得挺疯，学习却不见落下？是不是我真的很笨？"真的是因为他笨吗？或者是老师布置的作业太多根本做不完？

看看王飞一天的学习情况，我们便明白为什么了：

学校放学了，王飞背着满书包的书和习题回到了家。爸爸妈妈还未下班，他想起有很多作业没做，于是独自一人把作业都拿了出来。先写哪一门呢？他翻翻语文，看看数学，再瞧瞧英语，过了好一会儿终于决定要先做数学。但是刚开始不久，就碰到了一道难题，他想了一会儿，觉得毫无头绪，于是又打开了语文作业。没过一会儿，爸爸妈妈下班了，看见王飞一个人在写作业，非常高兴，夸了他两句便下厨房做饭去了。作业毕竟是枯燥乏味的，没过一会儿，王飞突然想起了放动画片的时间到了，昨天的剧情不知道发展到什么程度了？王飞满心想把作业写完了再去看电视，但是书上的字仿佛一个个都变得不认识了似的，眼前仿佛晃过了动画片的情节。再也忍受不了这种折磨啦，王飞坐到了电视机前。

吃过晚饭，王飞又自觉地坐到书桌前，突然想起前些天看过一个手工制作飞机模型的方案，很有意思，于是翻出了那本书，津津有味地看起来。时间不知不觉地过去了，爸爸妈妈过来催促王飞早点写完作业好休息。王飞看了看摊在桌上的只做了一半的作业，叹了一口气："唉，时间怎么就不够写作业的？"

是王飞不用功吗？是王飞不自觉学习吗？是王飞笨吗？其实都不是。问题在于王飞没有很好地规划时间，做事情不够专心，所以效率比较低下。因此重要的应该是制订一份周密可行的学习计划，严格按照计划去执行。后来，在妈妈的帮助下，王飞制订了一份合理可行的学习计划，从此以后，王飞的这些"烦恼"统统解决了。不仅生活变得有条理起来，王飞的成绩也显著提高了。

帮助孩子制订学习计划会有很多的益处，主要表现在以下几个方面：①能减少学习的盲目性，使学习步入一个有条理的良性循环之中。②能让孩子正确地知道所需完成的学习任务的主次轻重。③能使孩子科学合理地分配各项学习内容所需的时间。④能把时间尽可能多地用在有价值、有意义的事情上，减少时间的浪费。⑤能培养孩子在有限的时间内完成学习任务的能力。⑥有利于孩子养成良好的学习习惯。⑦有利于培养孩子的学习品质和锻炼他们的学习意志。

那么怎样帮孩子制订学习计划呢？

1.计划要全面考虑，统筹兼顾

在制订计划时，不仅要规定学习任务和目标，而且要安排参加社会活动、锻炼身体和娱乐休息的时间，不能只有吃、学、睡，那样不仅太单调乏味，而且对学习计划的顺利完成将有百害而无一利。

2.分清主次，合理安排

孩子学习生活的各个方面的内容，所占的比重位置是不一样的，是有主次之分的。那些常规的学习内容，如各门功课的学习和其他课外活动，常见学习中的主科和副科，所占用的时间比例是不一样的，应充分看到这些差异，才能制订科学合理的计划。

3.从实际出发，有个性特征，目标不能过多

做什么都要讲求实效，要量力而行，在订计划时，要让孩子充分考虑自己的实际能力和水平，突出重点，照顾到自己的实际能力，目标任务不要定得太高，否则还不如不定。对那些孩子感到学起来吃力的学科，可以多分配一些时间，而对不太困难的，则相对少用些时间。

4.要和老师的教学同步、协调

计划的目标是为了提高孩子的学习效率，因此要处处与老师的教学协调、同步，这样的计划才能在学习中发挥更显著的作用。

5.要张弛有度，留有余地

计划毕竟是一种设想，并不等于现实，在付诸实施的过程中，还可能出现各种各样的情况而影响计划的实现，因此要留有适度、灵活机动的时间，做到张弛有度。

6.要留有适当的休息时间

人的大脑活动是有一定限度的，用久了就会产生厌倦、疲劳，效率

就会降低。如果在安排时间表时一点休息时间也没有，那么学习时就会出现厌烦、注意力不集中和对学习内容的不满情绪，所以在安排时间时，应设计出相应的休息时间。

成长实用智慧

脑力劳动的疲劳不同于体力劳动的疲惫，它主要是对工作厌倦和兴趣不足，而不是真的无法工作学习下去。所以，休息时间不必太长，变换一下活动方式、身体姿势，或到外面散散步、听听音乐、唱唱歌等都是很好的休息。

第五件事
顺应男孩的成长天性

德国教育思想家福禄培尔在《人的教育》一书里，将儿童比作“葡萄藤”，将教师比作“园丁”，认为给葡萄藤带来葡萄的不是“园丁”，而是葡萄藤本身。他说：“为进一步接受大自然的教训，葡萄藤应当被修剪。但修剪本身不会给葡萄藤带来葡萄，相反，不管出自多么良好的意图，如果园丁在工作中不是十分耐心地、细心地顺应植物本性的话，葡萄藤可能由于修剪而被彻底毁灭，至少它的肥力和结果能力被破坏。”

孩子的天性就如同“葡萄藤”，一不小心就可能剪断。即使这样，如果大人能顺应他们的天性，提供好的环境和条件，就能开出灿烂的花朵。

冰心说过：“让孩子像野花一样自然生长，要尊重孩子的天性和选择。”这就是说，无论家长采用何种教育方式，都要以尊重孩子的天性为前提。孩子的天性有这样一些：玩、天真好奇、喜欢模仿等。无论孩子是丑陋还是漂亮，平庸还是优秀，父母都要尊重孩子这些天性，然后结合孩子自身的特点加以引导和教育。这样孩子才能在成长中获得快乐，从而得到最大限度的发展。

孩子是天真无邪的，孩子的思维很简单，作为爸爸，不要认为孩子幼稚，更不要嘲讽孩子的幼稚举动，否则对孩子的天性是一种极大的打击。爸爸对孩子最好的爱就是尊重，尊重孩子的天性，尊重孩子的想法，面对孩子爱哭、爱笑、爱闹、爱问等天性，爸爸要学会欣赏，而不是厌烦。

好成绩男孩家教方法：

1. 让孩子在“玩乐”中快乐接受教育

不可否认，玩是孩子最大的天性之一。孩子出生后，就逐渐通过玩来了解世界。玩，是一种主动学习的态度，玩可以激发孩子的兴趣爱好，培养孩子的动手能力，还可以让孩子从玩中发现问题，从而拓展他们的想象力和创造力，培养出优秀的品质和好的性格。父母要从孩子的天性出发，给孩子营造一个自由玩要的小天地，有空的时候要陪孩子一起玩，让孩子从“玩”中感受乐趣。当孩子玩得兴奋不已，而大人叫孩子吃饭。这时，不要寄希望于一叫孩子，孩子就马上回来。与其无休止地呼喊孩子，还不如让孩子玩得痛快一点。当然，事后爸爸可以告诉孩子：不能因为玩而忘记了吃饭，否则饿坏了身子。当孩子在学校学会了做广播体操、唱儿歌时，回到家里，爸爸妈妈可以让孩子教给自己，然后全家人一起做操、唱儿歌，这是多么快乐的事情。

2. 尊重孩子的天真无邪

人之初，性本善，孩子的喜怒哀乐是纯真的、无邪的；孩子对外部事物的感受也是感性的、直观的；对人的态度也是率真的，不看脸色行事，不曲意奉承。正所谓童言无忌、童言无欺，孩子最初的时候是不会说假话的，所以，爸爸要细心呵护孩子这种天真无邪。在孩子的身上，家长看到的是童真的幼稚，但是我们不能去笑话孩子的无知，不能批评孩子的傻气，唯一要做的就是尊重孩子的天性，呵护孩子的童心，给孩子耐心细致的引导。

3. 赏识孩子的模仿行为

模仿是孩子的天性，通过模仿孩子学会了许多。身为父亲，对孩子好的模仿行为理应支持，并给予肯定和赏识，使之强化；对于孩子的不良模仿行为，爸爸应该适时制止，正确教育。在模仿的对象中，父母是首选，所以父母们应该规范自己的言行举止，努力做孩子成长道路上的楷模。当你发现孩子有一些不当的言行举止时，可能会生气，心想：小孩子跟谁学的，不学好！于是教训孩子，希望孩子改正不良言行。其实，这时候你应该首先反省自己，想想是不是自己给孩子不良的影响了？当得知孩子是跟自己学的后，应该尽快改正。

孩子在呱呱坠地的那刻，他们就惊奇地盯着世界。孩子将要从零开始学习，父母也要从零开始了解孩子，而首先就要了解孩子的天性，这样才能更好地尊重孩子的天性，让孩子顺其自然地成长。

成长实用智慧

孩子的天性是孩子的灵魂，家长应该将对孩子培养看作对孩子天性的顺应与保护，而避免用自己思维的尺子度量孩子，用你的眼光来看待孩子的世界，用你的道路来狭隘孩子的选择。

第二章

成长要有好环境

环境决定成绩，心理专家表示，如果想要男孩持续长时间地保持较高的学习热情，家长最应当做到“以学促学”，在家里努力创造安静的环境，不打麻将、不看电视、不大声聊天。家长干完手里的活，坐下来和孩子一样读书、学习。

第六件事
给男孩一个良好的成长的环境

瑞典教育家爱伦·凯指出：环境对一个人的成长起着非常重要的作用，良好的环境是孩子形成正确思想和优秀人格的基础。

现代的幼儿教育实际上就是环境教育，环境对人生存和发展的影响，就年龄而言一般是成反比的，年龄越小受环境的影响就越深刻。这是由儿童身心发展的特点、环境所具有的教育价值两方面决定的。温暖和谐的环境能使儿童性格活泼，行为具有理性，并善于交往。从某种意义上说，环境是幼儿重要的生存条件。成人应该为儿童的成长提供一个适宜的环境，一个充满关爱和自由的环境。

环境教育包括了三个方面：家庭环境、学校环境、社会环境。

孩子从小就生活在家庭环境中，当他什么也不懂，只能用哭泣表达自己的意愿和情绪时，那是一种对爱的渴望和求索。儿童需要得到关爱是因为他需要安全感。蒙台梭利说，爱是儿童成长的土壤，儿童只有得到了充分的关爱，才能够具备健全的人格、心智、道德。可以说，爱是儿童成长的背景和环境，也是儿童早期教育的基础。

成人在给予儿童关爱之前，首先应该考虑两个问题。一是，自己是否拥有爱的能力？二是，对孩子的爱究竟是什么？应该运用怎样的方式去表达？对于那些心中没有爱的成人来说，他们本身就是不成熟的，在爱自己还是爱孩子的问题上，他们的做法往往靠近前者。有时候，他们甚至和儿童怄气、作对，直到满足自己的需求、达到自己满意为止。这样的父母不具备一个成人应有的宽容，更不会理解、接纳儿童。有些时候，心理不成熟的成人也会情绪化，当他们情绪好的时候，会将孩子捧上天，情绪不好的时候则会将孩子视为出气筒。在这种环境中成长的孩子，会变得战战兢兢、诚惶诚恐，他们早早地学会了察言观色，为了避免惹怒父母，只能不停地揣测和应付，精神上承受了很大压力。久而久之，儿童会因为得不到爱而缺乏安全感，从而产生精神上的不安和焦虑。

对于那些心理成熟的父母而言，他们可以自然地表达出对孩子的爱。但是，这样的爱有时候会伤害孩子，也会阻碍孩子的自然成长。所以，成人只有真正地学会关爱孩子，才能为其提供一个适宜的成长环境。

如果成人对儿童的生命发展有所了解，就会为儿童的成长提供机会，为他们的发展和每一个生活细节提供条件和帮助，这就是爱。如果成人对儿童的成长一无所知，却经常按照自己的经历、经验、利益出发，忽视儿童成长的规律和需要，强迫孩子改变自己的意愿，这就不是爱。因为，他们并不尊重儿童的成长，他们轻视儿童的成长，他们剥夺了儿童自由成长的权利。

这些得不到爱的孩子会四处寻找确实的爱，甚至会用心计来获取爱。如果得不到满足，他们还会借用搞破坏的方式发泄不满情绪。同时，任何人都不能完全代替父母的爱，有些时候孩子会利用心计获得父母的爱，这么做是可悲的，但是他们不得不去揣测怎么做才能得到父母的爱。

比如，有些孩子生病了，非常惧怕打针，刚刚走进门诊部就大哭大闹。成人往往认为这是儿童害怕疼痛的表现，他们之所以哭，是因为他们有过这样的经验。可是，真相并非成人想象的那样。

一个3岁的男孩生病了，病恹恹地趴在母亲的肩膀上。当医生准备给他打针的时候，提议把孩子放下，因为他担心孩子乱动会被扎伤。母亲犹豫地看了一眼旁边的病患儿，那也是一个3岁左右的小男孩，他正在经历一件恐怖的事情——他的父母分别按着孩子的手脚，医生脱掉了他的裤子，正准备打针。孩子眼中露出惊恐的光芒，不安地挣扎着，撕心裂肺地号啕大哭起来。

母亲回头看了看怀里的孩子，他正表情复杂地看着临床的孩子。母亲咬咬牙，拒绝了医生的要求，她让孩子依偎在自己的怀里，不紧不松地拥抱着他，然后找机会让医生给孩子打针。打针的过程中，孩子只是吭哧了几声，但是并没有哭，他紧紧地搂住母亲的脖子，并且一动不动。

当一个儿童缺乏安全感，并对父母之外的人感到恐惧时，就会大哭大闹，渴望得到父母的保护和关爱。实际上，打针并不疼，是什么放大了儿童的恐惧和痛苦呢？是缺乏安全感。

其实，儿童的痛苦大部分来自于精神上。比如，一些家长强制儿童学习，使其对美好快乐的学习生活产生了恐惧、厌倦，甚至是神经衰竭。成人考虑的并非这些，他们往往打着“爱孩子”“为了孩子好”的旗号，兴致勃勃地期待孩子能够通过考试。有些家长甚至不关心孩子学了什么知识，而是觉得别人报了学习班自己的孩子也决不能落后，这样的家长往往更加关心教育费用，并且将全部的兴趣转移到儿童是否能够顺利通过考试或拿到某一个证书上。

俗话说，父母是孩子的第一任老师。从孩子的呀呀学语到蹒跚学步，父母一直陪伴着他们成长。这也意味着着儿童早期的智力开发这一重要的任务也是由父母训练完成的。启蒙教育的好坏直接影响孩子今后的发展。如果父母为儿童提供了一个缺少爱或者没有自由的恶劣的成长环境，忽视了对孩子早期的智力开发，往往就会导致孩子的心智不健全。良好的成长环境，则会推动孩子智力的发展。

同时，在恶劣的成长环境里，孩子对世界的认识自然会有所歪曲。

没有良好的教育，就没有良好的习惯；没有良好的意识，也就会有一些不良的行为。现在青少年犯罪率的居高不下，几乎都能从他们成长的环境找到根源。或许缺乏管教，或许误交恶友，或许压力过大等，无一不显示了良好环境对孩子成长的重要性。

成长实用智慧

全力支持孩子，给孩子的成功创造各种条件，扫除前进道路上的障碍，给他们力量、勇气，这是父母对孩子的最难能可贵的给予了。

第七件事
孩子需要成长的空间

著名教育家陈鹤勤先生曾提出："凡孩子自己能够做的，应该让他自己做，凡孩子自己能够想的，应该让他自己想。"男孩有更多的独立性要求。对年幼的男孩来说，独立意味着父母的放手和支持，到了一定年龄后，男孩更需要一个身心都独立的空间，需要更多的自由可支配的感觉。

一、给孩子自由的空间

自由的空间更有利于孩子个性特长的发挥。处于生长发育期的孩子，由于生理、心理年龄的逐步成熟，他的自我意识也在不断增强，他需要有更多的私人空间、更多的个人自主权。因此，父母除了不能一一代劳孩子的日常生活事务之外，更要学会尊重孩子的自由空间，给孩子一定的自由选择、自由安排的机会和权利。

自由是心灵成长的基础，是创新思维的源头。好比人体里的水一样，一时一刻不能少。人体缺了水，细胞就会枯萎；心灵缺少自由，头脑就会僵化，灵感就会消失。而现在的父母对孩子的保护、限制过多，不许这样，不许那样，孩子则必须无条件地服从。孩子在这样庞大的"保护伞"下自然过着循规蹈矩的生活，其实这样反而束缚了他们的手脚和头脑，同时也大大地限制了孩子创造力的发挥。

为了让孩子学习好，父母几乎剥夺了孩子的一切自由活动空间，这就好像是一棵正在成长中的幼苗，残酷无情的园丁只是一味地要求小树苗长直长高，不允许它长出任何一丁点的枝杈，只要发现有枝杈长出，就会毫不留情地一刀一剪地截掉。若干年后，小树苗即使长大了，长高了，也不会拥有真正的健康，由于它没有更多的枝叶来吸取阳光、氧气和养分，本来可以长得结结实实的，却长成了弱不禁风、纤细无力的病树，即使是唯一可使用的树干，也因质地疏松而无法成为栋梁之材。更可悲的是，因无繁枝、茂叶保护，有的甚至中途就因狂风暴雨而夭折了。

那么在现在应试教育的环境里，一切以考试为中心，许多父母甚至从孩子出生的那一天起，就为孩子设计好了将来的人生道路。孩子在成长的过程中，只能沿着这条道路前进，不能有“非分之想”。然而，孩子是天生热爱自由的，他们对自由的渴望不亚于对自己生命的尊重。随着孩子年龄的增长，他们会更加努力地为自己争取自由。

可是严管不等于束缚，给孩子自由的空间，使孩子在无拘无束中，尽情地享受成长的欢乐，这对孩子个性的发展和良好品格的形成是有好处的。

在武汉举行的一次约4200名中小学生参加的题为“给我一点儿空间”的作文比赛中，超过70%的孩子选择了一个共同的题材——被父母逼得没有一点儿自由，压力特别大。其中有个孩子这样来形容他的妈妈：妈妈是“母老虎”，每次出去玩总被她准确地堵回来；妈妈是“变色龙”，考了满分她睡着都会笑醒，考差了就会大发雷霆；妈妈是“河东狮”，看一会儿电视她就会发作；等等。

总之，要让孩子自由地成长。自由的天地是强者生存的土壤，父母要想把自己的孩子培养成为生活的强者，就应该多给他们一些自我发展和自由探索空间。

二、给孩子机会

千百年来我们秉承着中庸之道，即使是在社会发达、信息繁杂的今天，我们的骨子里依旧存在着这种中庸的思想，体现在教育上就是给孩子一个固定的保证不出错的模式，让他们在我们社会的框架内活动。这样我们固然保证了正确率高的作用，但是也在一定程度上限制了孩子的眼睛与心，我们说“思想有多远，你就能走多远”，可是在我们框架内的孩子能走多远呢？

不同的角度，不同的见解，不同的标准，放手让孩子去纵游，天才也许就是在那时出现的。固定的模式，固定的答案，有必要吗？这个世界本就是变幻莫测的。教育重要的不在于教给孩子多少知识，因为知识是永远都教不完的，教育的本质应该是教会孩子学习知识的方法，“给孩子鱼，不如教他如何渔”。

再渊博的父母，也代替不了图书馆；再富有的父母，也不是摇钱树。你最终能给孩子多少具体的知识和物质享受呢？孩子终要自己面对未来社会。

很多父母都没有给予孩子机会，去尝试做他们自己能够做的那些事情。比如对三四岁的孩子来说，父母仍然帮他们穿袜子，他们洗完澡父母帮他们把身体擦干，还帮他们铺床叠被。毕竟照顾孩子的生活起居已经成为父母的习惯。而且，如果让孩子自己做事，那将又慢又乱，甚至当孩子失败的时候，小家伙没准还会大发脾气，把所有东西都弄得一团糟。然而，事实上是三四岁孩子的能力已经远远超过我们父母所认为的那样，他们正处于自我意识的发育阶段，而且已经准备好去探索整个世界了。

如果你让你的孩子自己动手做一些事情，他就能够慢慢长成一个有责任感、与人友好合作的愉快的好孩子。但是，如果你坚持自己帮助孩子做每一件事情，他就会养成等着别人来做的习惯。当你的孩子渐渐长大之后，忽然有一天你让他自己把衣服穿上或者把地上的玩具拣起来，他就会感到你在惩罚他。所以，你现在就要教导他自己的事情自己做，告诉他，他是家里的一个好帮手。

现在，孩子从他背上书包的那天起，玩的机会就随着年龄的增长而逐渐减少。

在一般父母眼里，认为孩子小学、中学、大学，甚至研究生一路读下去，才是最理想的人生轨迹。而实际上做父母的要认清这个观念：每个孩子来到人世间都有他自己要走的人生路，没有什么固定的人生模式是最好的。哈佛大学校长曾在毕业典礼上讲过一段发人深省的话，他向在台上领奖的学生说："你们不用太骄傲，因为你们都要回学校当教授，学校要给你们付薪酬。"他安慰坐在台下没有领到奖的学生说："以后哈佛的发展，都要靠你们的捐献。"我们必须要把心放宽一点，这才能容易接受并尊重孩子的选择。

成长实用智慧

一般家长还是把这样的乖孩子当成听话的好孩子，把培养乖孩子的方法称之为成功的教子方案，争相效仿，几乎没有人认为，这样的孩子是有问题的孩子，他们的心理，正被家长一厢情愿的家庭教育所伤害。

第八件事
成长需要一所正确的学校

为男孩选择一所好学校以便让他受到最好的教育是每个家长梦寐以求的目标。到底怎样为你的孩子选择一所最适合他就读的学校（要知道，最好的不一定非得是重点学校。最适合的才是最好的，对你的孩子的成长和学习才是最有利的）。

鲁伯特·默多克，企业家，世界传媒大亨，1931年生于澳大利亚的墨尔本。他控制了澳大利亚2/3的报纸业，同时，英国的《太阳报》《泰晤士报》等40%的报纸都由他控股。不仅如此，他还拥有英国的天空电视台、美国的福克斯电视网、中国香港的亚洲卫视。互联网兴起后，默多克又宣布与日本软银公司合办一家专门拓展互联网投资的金融企业。

在这位世界巨富成功的背后，是伊丽莎白这位严母的教育和心血。她所给予默多克的早期教育以及对默多克的鼓励和支持，使默多克一生受益无穷。默多克的父亲凯斯·默多克是一位很有成就的报业人士，他在澳大利亚拥有《论坛报》集团，1933年被澳大利亚政府授予爵士头衔。

默多克的母亲伊丽莎白·格林是一位非常有主见的女性，她性格果敢，对儿子既宠爱有加又严格要求。

1941年，在还不到10岁的时候，默多克被送到基隆语法寄宿学校。父亲凯斯反对这个安排，但伊丽莎白丝毫不让步："我认为寄宿学校的生活能教会他如何与其他人生活在一起，对他更有益处，培养一些无私的精神。”

伊丽莎白后来回忆说，她觉得对于那些从一个生活优越的家庭环境中出来的孩子，寄宿学校的教育是孩子成长过程中尤为重要的一课：“我想凯斯是担心默多克不能理解学校的教育，但我敢肯定我是对的。”

基隆语法寄宿学校是一个斯巴达式的学校，在墨尔本西南的海边，位于海风口。在冬天，刺骨的寒风几乎能穿透一切，对于孩子们来说，这是世界上最冷的一个地方。但这所中学的教员饱学博识，循循善诱。

校长严格且尽职，默多克在学校里不仅仅学到了丰富的知识，而且逐渐培养起独立思考的习惯。在几位良师益友的影响下，默多克开始参加校园活动和学生社团，并崭露头角，成了学校的知名人物，还担任了校报的编辑，开始了他的媒介生涯。

默多克的母亲在对默多克的教育上似乎有点“不近人情”，但正是这种“不近人情”才造就了默多克今天的成功和辉煌。今天，我们的一些父母总是千方百计地不让孩子吃苦，不给孩子单独锻炼的机会，结果孩子越来越娇嫩，独立性越来越差。试想，如此下去，他们以后又怎能适应各种环境、各种职位呢？他们又怎能在复杂的社会环境中生存呢？

成长实用智慧

为了男孩的成长，应该慎重地为孩子选择一所合适的学校。因为学校能比家庭带给孩子更多的知识，开阔他们的视野，陶冶他们的情操，将会使孩子结识更多的良师益友，并从中获益。由此可见，学校是父母培养子女成才不可忽视的重要基地。

第九件事
男孩要学会适应学校的环境

年轻的父母为孩子上学念书而高兴，然而可能没有想到从这时起，孩子就要告别无忧无虑、以游戏为主的生活时代，开始正式跨入以学习为主的学生时代。孩子肩上的担子重了。学校生活是全新的内容，孩子入学后，在老师的指导下，过着严格而有纪律的集体生活，学习系统的最基本的科学知识，从德、智、体、美、劳等几个方面得到发展。在这个转折和飞跃面前，有些孩子是不适应的，例如，有的孩子怕上学，有的孩子在课堂上坐不住，有的孩子不懂每天要完成学习任务，等等。在这个过程中，家长要帮助孩子克服困难，让孩子尽快适应新环境。

一、和孩子一起走进幼儿园

东东爸爸是工程师，他常常买一些材料回家，希望儿子能喜欢摆弄这些东西，发展思维和手指的灵活性，可是儿子偏偏不喜欢。有一天，幼儿园老师说他们正在组织有关房子的主题活动，想请东东爸爸到班里演示如何拼搭建筑模型，培养孩子的兴趣和观察力，东东爸爸欣然答应了。在主题活动中，东东爸爸三两下就搭出了一座漂亮的小房子，孩子们都争先恐后地上去跟着东东爸爸学。看着自己的爸爸那么受欢迎，东东满心骄傲。回到家里，东东拿出爸爸买的材料开始搭起了房子，还搂着爸爸的脖子说：“爸爸你真棒，班里的小朋友都夸你呢！他们都羡慕我，有一个那么厉害的爸爸！爸爸，我也要跟你一样，长大了当建筑师。”

东东爸爸来班级参加主题活动，不但开阔了孩子们的眼界，也改变了自家儿子的看法。自从爸爸在幼儿园亮相后，平时对爸爸的建筑工作熟视无睹、司空见惯的儿子发现：爸爸和爸爸的工作原来是个“宝”。简单的一次班级活动，却成为沟通亲子关系的一大桥梁，让孩子更加了解自己的父母，也让父母更理解孩子的幼儿园生活。

亲爱的父母们，如果可以的话，请你尽量抽出宝贵的时间，关心你孩子在幼儿园的生活，有时候，不妨和孩子一同走进幼儿园，和孩子一起感受幼儿园生活的点滴。那样，你就会知道，孩子在一个怎样的环境中学习、生活；和怎样的小伙伴玩耍、交流；孩子究竟需要些什么……但在家园互动中，家长也需要掌握一些技巧，这样才能让互动变得更为科学。

1.增进信任，加强联系

内向、胆怯的小英有一天突然哭哭啼啼地跑回家，对着妈妈一把鼻涕一把眼泪地说：“妈妈，我不要去幼儿园了，老师都不喜欢我。”听儿子这么一说，做母亲的并没有立即把气撒到老师身上，认为是老师亏待了自己的儿子，而是平心静气地去幼儿园和老师谈了一次，把相关情况告诉了老师。老师听了小英妈妈所讲的情况后，起先感到很诧异，因为她一直很喜欢班上的每一个小朋友，对小英也不例外。但听了家长的反映后，老师还是认真回忆了一下，认为可能是前两天在表扬几名小朋友时，没有提到小英的缘故。

教师面对的是几十个孩子，对孩子的照顾有时难免不能面面俱到，家长就要经常地、主动地去和教师联系，与教师面对面地直接交流，相互通报孩子在家和在幼儿园的情况，充分交换意见，增进双方的相互了解和信任。一般来说，沟通要注意以下几点：

（1）利用接送孩子的时机，在走廊或活动室沟通。这类沟通三言两语就能解决，且不需要回避他人。短短的三言两语就能帮助家长及时地了解孩子的在园情况，并有效地增进与教师之间的相互了解，为进一步沟通打下良好基础。

（2）在班上所有孩子离园后，在教师办公室或其他不受干扰的地方沟通。这类沟通内容往往较复杂，涉及的问题也较严重。如告诉老师，孩子近来一直不愿意上幼儿园，对某一活动特别不感兴趣，等等。家长要和教师一起分析、查找原因，提出解决问题的策略。

（3）讲究方式。众所周知，同一个想法用不同的方式表达，就会给对方以不同的感受，谈话的方式往往会影响沟通的效果。幼儿园教师工作烦琐，有时可能对你孩子的某方面疏忽了，但这并不表示教师不喜欢你的孩子。你可以真诚地去和教师交流，相信所有的教师都会接受你的想法，或许交谈后你会发现事情并不是如你想象的那样。

2.统一目标，主动配合

一般来说，幼儿园的每个班级都会在教室门口设置家长园地，每月初、每周一教师都会在这个园地上及时公布月教学计划和周教学计划，介绍近期的教育目标和主要活动内容。家长要及时主动地到幼儿园了解近期的教育内容以及孩子在园的表现情况，同时与老师商讨教育孩子的最佳办法。

进了幼儿园的孩子获得的最大财富就是集体的教育力量，它有着家庭所不具备的影响力。孩子就是这样，如果他发现自己的家长跟老师多说话，参与班集体多做事，就特别自信和自豪；反之，如果他发现家长跟老师合不来，在班集体老不露面，一丝孤独和失意就会侵袭他的心灵。

3.及时反馈，促进发展

家长要及时与教师“互通情报”，帮助教师更全面、更深刻地熟悉和理解自己的孩子。家长可向教师提供孩子最近最感兴趣的事物，家庭中某些事情对孩子的影响等。尤其是发现孩子在某方面的发展有问题，要及时反映，可别等到下次开家长会时才向教师反映。不管出现了哪方面的问题，都应让教师尽早得悉各种“信息”。

总之，孩子的教育需要家长与教师的双方配合。家长要和教师积极沟通，只有家长与教师双方相互沟通，相互理解，相互信赖，才能取得对孩子教育的一致意见，才能取得最佳的教育效果，才能促进孩子的健康成长。

二、一年级很重要

一年级孩子的问题，是所有孩子都面临的问题。很多一年级的孩子，从幼儿园的小朋友变成小学生，这是人生的第一个转变。同时他从一个无拘无束的孩子，突然变成一个学校里要守纪律的小学生了，这是个转变。在这段时间最需要的是什么呢？是爸爸妈妈的耐心。人生最重要的是养成好习惯，而这些最重要的习惯都是一年级养成的。所以这段时间千万不能着急，因为人要改变的话，他需要个过程。

这个时期教育孩子不要训斥，只是需要告诉他应该怎样做。比如一年级的孩子要学会怎样坐，坐在那儿一定要坐得腰很直，然后坐有坐相、站有站相、吃有吃相、写有写相，这些“相”全都是一年级培养的。有一位家长，儿子非常优秀，现在已经出国留学，而且获得了双博士学位。他说自己教育儿子的方法是从一年级下的功夫。孩子上了小学，他就告诉他应该怎样吃饭，应该怎样写作业，要掌握时间。回家第一件事先洗手，吃点儿东西活动一下，然后写作业。写作业的时候，眼睛离桌面必须有一定的距离，不能趴得很低，手拿铅笔的时候姿势一定要正确。写得怎么样不管，只告诉孩子姿势要正确。然后他拿一根小棒，他管它叫“教子棒”。这小棒很小，跟筷子一样细。爸爸就坐旁边，看孩子的姿势不对敲他一下，腰弯了敲他一下，这都是很轻的，不是打孩子，就是提醒他。他也不给孩子检查作业，让他自己检查，一切由他自己做。

坚持了半年时间，孩子就跟人家的孩子不同了，坐有坐样、站有站样，写东西的时候姿势很漂亮，字也写得很漂亮。每天写完作业第一件事，先把书本都收拾好，然后把书包收拾好。每天晚上睡觉的时候，先把外面的衣服脱下来，放在最底下，然后一件一件脱，最后把袜子搁在最上面……

所以一年级就要帮孩子养成好习惯，一个行为坚持21天，它就能成习惯，父母都要有点儿耐心。父母不要先给孩子扣帽子，只要你教育方法得当的话，他一定行。

家庭与学校教育方式的差异导致了孩子的这种反差极大的性格表现。在这个时候，家长要主动地、心平气和地与老师沟通，向老师提供孩子在家的一些日常表现状况，让老师也了解孩子的行为表现的另一方面，对孩子的行为有一个全面的评价。家长要与老师一起分析双方在教育孩子的方式上存在的差异，求同存异，给孩子一个接近的教育价值观，不至于让孩子无所适从。

成长实用智慧

大人对孩子的帮助要恰到好处，不能急于求成，要符合孩子当时的能力和心理状态。即使当时他的能力非常糟糕，也要学会面对和接受它。只有这样，才能找到最好的方法去帮助孩子。

第十件事
家庭是男孩的第二间“教室”

俗话说：“龙生龙，凤生凤，老鼠的儿子会打洞。”这说明父母及家庭环境直接影响着孩子的学习兴趣和认真态度。在现实生活中很轻易就会发现这样一个现象，那就是，在城市里，但凡学习成绩比较好或者比较重视孩子学习成绩者，基本上要么是那些家庭学习氛围比较好，或者家长本身比较重视学习，要么本身就是所谓的知识分子。当然要强调一点，个别也有例外。

一、为男孩创造良好的家庭学习环境

作为家长，如果你整天把金钱看得比天高，你的孩子肯定一切以金钱为指针开始运转；家长一有点闲暇就扑在麻将桌上喝五吆六，你的孩子也很难不染上赌博之瘾，从小就会算计着以小博大，投机钻营；家长有钱，孩子自然会花钱；家长懒惰，孩子当然就散漫……人是环境的产物，一个人的成长过程，其所处的环境有着特殊的作用。不同的环境会形成不同的积习，“孟母三迁”为的就是给孩子一个良好的生活、学习环境，让孩子健康地成长。

幼苗要茁壮成长，需要充足的阳光、肥沃的土地；孩子要学业有成，需要浓厚的学习气氛、良好的学习环境。下面来看几种常见的情况。

镜头一：人声鼎沸的集市上，一位孩子正坐在自家货摊旁写作业，一边是他的父母正与顾客大声地讨价还价。

镜头二：家长们三五成群聚在一起打麻将、看电视，孩子就坐在一旁读书。麻将声、争吵声、电视声、读书声混合在一起……

镜头三：孩子在灯下认真温习功课，家长陪在一旁，嘴里唠叨不断：上课要听讲，笔记要认真，作业要仔细……

镜头四：孩子考试考差了，家长冷眼皱眉，摇头叹气，雷霆大怒……

镜头五："乖儿子，赶快写作业，爸爸有奖。""如果不把这些题做完，你就别想睡觉！""小祖宗，求求你好好上学，考不上大学怎么办哪！"

镜头六：孩子戴着耳机，一边听音乐，一边写作业。

上面这些现象是我们在生活中经常看到的。许多孩子就是在这种嘈杂烦乱、打骂哄骗的环境里学习，可想而知，他们要学好，要学有所成是一件多么困难的事情啊！时下，孩子们周围的世界五光十色，诱惑极多，怎样才能让孩子专注于学习而不被周围不良环境影响，已成为众多父母急盼解决的难题。

"孟母三迁"是为什么？"退之夜读"是为什么？"诸葛避市"是为什么？都是为了寻找一处没有干扰的清静的读书环境。

的确，学习需要一个良好的环境，不但需要良好的外部环境，也需要稳定的心理环境。安静、平和、没有干扰的外部环境可以使孩子注意力高度集中，更快捷、更准确地接收知识；如果孩子学习的时候，心情愉快，没有压力，没有担心，不紧张，那么他们的学习效率会更高，效果会更显著。所以良好的心理环境也是孩子学业有成的一个重要条件。为孩子创设良好的学习环境，是当前家长们必须高度重视并急需解决的大问题。为此父母应在能力范围之内尽可能地为孩子创造学习的良好家庭环境。

1. 为孩子布置一处舒适、朴素的学习场所

儿童好奇心强，注意力容易转移。所以孩子的房间不应该太新奇、太豪华，或者怪异，而应该以舒适、朴素为原则。同时不要在孩子的学习场所摆放、悬挂一些奇特的物品。可以在孩子房间的墙上挂一些格言、警句等书法作品，或是一些宁静、悠远的山水画，营造一个书香弥漫、

学气浓厚的学习氛围。

2. 保持学习环境的安静

孩子在学习时，家长应该注意，家中不要有太大的响动，家长要停止所有的娱乐活动，更不要因家务事吵架、争论，以免打扰孩子的学习。另外，有些家长担心孩子学得太累，在孩子全神贯注学习时，频繁地进出孩子的学习场所，端开水、送零食、递水果……这些本来动机很好的行为恰恰影响了孩子学习，使他们无法安静下来进入学习状态。所以，当孩子正在学习时，家长应尽量不去打扰他们，保持整个环境的安静状态。

3. 家长要善于发现并尽快排除干扰孩子学习的因素

可能成为干扰孩子学习的因素很多，而且难以预料，所以作为家长必须善于捕捉这些因素，并想方设法在最短的时间里排除这些干扰。比如楼上邻居装修、聚会、放音响等，都会使孩子心烦意乱，注意力分散，这时候，家长就应该立即注意到这个问题，并马上采取一些办法，或者同邻居交涉，或者让孩子换一个地方学习……总之，家长应成为孩子学习环境的忠实保护者。

4. 注意纠正孩子不良的学习习惯

有些孩子学习习惯不好而在一定程度上破坏了学习环境，我们经常发现有些孩子一边写作业，一边打开音响听歌曲；或者一边看书，一边吃零食；或者一边学习，一边看电视……这些不良习惯势必破坏安静的学习环境，分散注意力，影响学习的持久性。这时，家长应该立即给予制止，纠正这些不良习惯，维护没有噪声、安静的学习环境。培养孩子良好的学习习惯是家长营造良好学习环境的主要方面。

二、制定合理的家规

应该怎么说话，孩子就能听，怎样让孩子养成好习惯？来看一位母亲的叙述：

我从国外回来，听到很多国内的家长谈小孩的问题，我们有时候在国外也听到很多。因为中国的情况，国内家长对孩子的学习好像都特别着急。关于孩子听话和不听话，我觉得不能要求孩子听你的每一句话。就像我们在单位、在公司里边，你不希望老板跟你说的每一句话你都去照做。而且你心里肯定有好多想法，或者根本就觉得不对，其实孩子从很小的时候就有这种想法。

但是不能说没有规矩，所以我们后来就说有些规矩是铁打不动的，这就是所谓的方规矩。比如在我们具体的生活当中，不能打人，不能骂人，这是一些比较基本的道德上的东西。还有一些是在日常生活当中，比如说在美国坐车就得系安全带，因为要不系安全带警察就要抓你重罚。系安全带的方法不一样，小孩坐在后座有时候觉得勒，很多小孩就跟家长斗争，美国的孩子也是不愿意系。我们家的态度是反正你不系，就哪儿也别去！

在日常生活当中，随着孩子长大，慢慢又增加了一些规矩。比如他从很小就开始弹钢琴，我们规定必须弹完钢琴才能玩电脑，吃饭吃好了才能看电视，然后这些事做好了，就可以有多一点儿奖励。

他最近过六岁生日，跟他讨论是要开一个生日Party，还是让他选一个游戏机，他自己说要游戏机。从买游戏机以前就跟他说好了，一个星期内只能在星期六玩一个小时，这是你的权利。这是所谓的硬规矩、方规矩，不可变的。

同时还有一些软规矩、圆规矩，比如说电视，我们规定吃完晚饭休息五分钟以后，他可以看半个小时的电视。电视内容随便看，比如他愿意看中文的电视频道、英文的电视频道、迪斯尼的动画片频道，随便看，给他一个选择的权利。

另外，提醒孩子做作业这一点，要说明的是，做作业首先是孩子自己的责任，从记住做作业到本身去做作业，到最后第二天早上带作业，应该都是孩子自己的事，父母可以不管，也不应该管。但是有的时候因为孩子毕竟年龄小，还是要提醒一下：你是不是把作业带上，咱们一起上学去了！有的时候我也听有的家长说，“你看我得告诉你多少次，你才能记住”。其实有的时候这种指责可能并不会有助于孩子记住这件事，更多的是抵触情绪。我看过一个故事，家长跟孩子说别在墙上乱画，这时候孩子脑子里产生的就是乱画的感觉。而换种说法，说你瞧这墙多干净，孩子就会产生一种干净的感觉。负面的东西说太多了，脑子里出现负面的东西也就会越来越多。

当你骂孩子的时候、说他的时候，实际上就是把负面的东西描述得非常具体，这样他脑子里就是这个印象，所以他等你不在的时候想的全是这个，怎么一边写作业一边听音乐，怎么一边看书一边吃零食，怎么趁父母不在的时候偷偷看电视……这些东西很具体，这样就变成他的行为了。所以要给孩子们正面的信息，这样孩子们就会有一个追求的目标。如果你总否定他，他脑子里就不知道哪件事情做得是对的。

另外我觉得，物质的鼓励，当然小孩儿也都喜欢，但我觉得最终还是要想怎么调动他自身的因素，去让他自发地去做很多事情。我看过一个例子，小孩儿晚上不刷牙，他妈妈说你刷一次牙，我给你十个美分存在那个地方。实行这个政策挺好，可两周以后他又不刷了。他妈妈问你今天不想要那十美分了？他说今天不要了。可见外在的奖励是没有用的，有一天他可能会对这东西没兴趣了，因为这不是他自己自愿做的事情。

成长实用智慧

教育在孩子成才过程中起着主导甚至决定性作用，而教育有家庭、学校和社会三方面的内涵。这里主要谈谈家庭教育对孩子的影响。陶行知先生说过：“没有爱就没有教育。”由此看来，用爱心去感染孩子，用爱心去关怀孩子，是家庭教育之根本所在，家庭教育对孩子的影响，在孩子的一生中起着至关重要的作用。

第三章

分数与动手能力都需要

当我们的孩子来到这个世界上，我们一定对他的未来充满期许，希望他会有美好的人生。看看多少家长费尽心力送孩子上好学校、进课外班，不就是盼着孩子学业有成，将来找个好工作，有安稳幸福的生活吗？可是，成绩好就一定能生活幸福吗？看看周围的学生们，往往不会做饭、不会洗衣、不会缝补、不会扫除……当他们离开了学校，离开了家庭的呵护，要独自面对这个世界时，他们会多么无助！如果连独立生活在这个世界上都成了困难，还能期待什么呢？可以想象，当同样面对困难时，那些有丰富生活常识和技能的孩子（包括成人）会表现出更好的适应性，更有勇气去面对，更能找到解决问题的办法。

第十一件事
孩子要有一技之长

特长是一个人的谋生之本，尤其是在当今社会里，如果一个人没有特长，是很难在激烈的竞争中脱颖而出的。

世界上没有两片完全相同的树叶，同样的道理，世界上也没有完全相同的两个人。你有你的优势，他有他的特长，聪明父母应该准确地定位孩子的特长，并把它培养成核心竞争力。

一、男孩必须有一样是出色的

苏联教育家苏霍姆林斯基说过：“要使孩子们从小就懂得和领会到：他的每一步、每一个行动都会在他身边的人——同志、父母、教师和“陌生者”——的精神生活中引起反响。只有当他不给别人带来灾难，不欺负和扰乱别人时，才能成为一个生活得平静而又幸福的人。”按现在的说法就是培养孩子成为“社会的好公民，家庭的好孩子，学校的好学生”！现在，我们不只是要向孩子们唠叨“天生我才必有用”，或是深情地给他们讲《一个仅用10秒钟即震惊了整个德国的动人故事》，而更要让他们记住，总有一样自己要出色！

有这样一个故事：德国一家电视台提出高薪征集“十秒钟惊险镜头”活动。许多新闻工作者为此趋之若鹜，征集活动一时成为人们关注的焦点。在诸多参赛作品中，一个名叫《卧倒》的镜头以绝对的优势夺得了冠军。拍摄这10秒钟镜头的作者是一位名不见经传刚踏入工作岗位的年轻人，对于这个作品，每个人都渴望一睹为快。

几个星期以后，获奖作品在电视的强档栏目中播出。

那天晚上，大部分人都坐在电视前边观看了这组镜头，最初是等待、好奇或者议论纷纷，10秒钟后，每一双眼睛里都是泪水。可以毫不夸张地说，德国在那10秒钟后足足肃静了10分钟。

镜头是这样的：在一个火车站，一个扳道工正走向自己的岗位，去为一列徐徐而来的火车扳动道岔。这时在铁轨的另一头，还有一列火车从相反的方向靠近车站。假如他不及时扳动道岔，两列火车必定相撞。

这时，他无意中回过头一看，发现自己的儿子正在铁轨那一端玩耍，而那列开始进站的火车就行驶在这条铁轨上。是抢救儿子，还是扳动道岔避免一场灾难——他可以选择的时间太少了。那一刻，他威严地朝儿子喊了声“卧倒！”，同时，冲过去扳动了道岔。

一眨眼的工夫，这列火车进入了预定的轨道。那一边，火车也呼啸而过。车上的旅客丝毫不知道，他们的生命曾经千钧一发，他们也丝毫不知道，一个小生命卧倒在铁轨边上——火车在轰鸣着驶过，孩子丝毫未伤。那一幕刚好被一个从此经过的记者摄入镜头中。人们猜测，那个扳道工一定是一个非常优秀的人。后来，人们才渐渐知道，那个扳道工是一个普普通通的人。他唯一的优点就是忠于职守，没误工过一秒钟。而更让人意想不到的是，他的儿子是一个智障儿童。

他告诉记者，他曾一遍一遍地告诉儿子说：“你长大后能干的工作太少了，你必须有一样是出色的。”

儿子听不懂父亲的话，依然傻呼呼的，但在生命攸关的那一秒钟，他却“卧倒”了——这就是他在跟父亲玩打仗游戏时，唯一听懂，并做得最出色的动作。

这个故事对现在的孩子尤其有用，因为现在对没有一技之长的孩子来说显然很难适应这个社会，培养他们把自己能做的事做到最好，很有必要。

二、认准特长，让男孩在竞争中更具实力

周龄的经历和一般的高考考生不一样，他在高考前就收到了清华大学经济管理学院和香港科技大学数学系的录取通知书。他被保送的原因是获得了全国数学联赛一等奖，也就是奥数的奖。这样的奖，加上物理、化学、生物、计算机的奖，全国有几千个，就是说有几千个同学和他竞争名校的保送生资格。他参加了好几所名校的保送生考试，都获得了保送资格。

在参加各著名高校的考试中，周龄强烈地感受到，越来越多的高校看中学生的综合素质，而不仅仅是学业成绩。就拿清华大学保送和自主招生的冬令营考试来说，它的考核重点不在高考的笔试上。在面试中能否在几名考官的层层追问下沉着冷静、充满自信地进行有条理的回答，能否在几百名同样杰出的学生中突出你的独特之处并赢得老师的赏识，这都是非常关键的。周龄报考的是经济管理学院，并且突出自己对社会的关注。三位考官问他的问题，有如何看待血汗工厂的，有如何认识三农问题的，有和他谈论某报的改版情况的，此外，他还畅谈了自己对高等教育和高校改革的看法。

除了较好的学习成绩，周龄能够得到几所著名大学认可的重要原因还包括综合素质，尤其是对社会的关注和思考。就学习来说，他自认为有很强烈的学习动机。他的学习动机，一是对数学的兴趣，二是对成功和实现个人理想的渴望。周龄初二时从内地转学到深圳，英语不是特别好，但是自己对英语特别喜欢，就买了些教材自学。当时在书城音像书店看到有上海高中的牛津英语教材，周龄如获至宝，买下来悉心学习。周龄因为下决心高中搞奥数，所以初三毕业那个暑假在家里自学高中的数学课本。自学其实很苦闷，很多东西老师一讲就明了，但自己要想很久才明白。但是他没有放弃。超前学习对他的帮助很大，这种学习的动机归根到底是周龄对于学习的兴趣，还有自主学习的毅力。

每个人都是一个不同的个体，你有你自身的精彩和优势，我也有我特有的爱好和特长，父母应该清楚地认识到这一点，帮助孩子发掘它、培养它，并把它塑造成孩子的核心竞争力。

世界首富比尔·盖茨曾经说过这么一句名言："知道自己究竟想做什么、知道自己究竟能做什么是成功的两大关键。"

或许你想当一名电视节目主持人，但你不一定能够当上；或许你能够成为一名优秀的电视节目主持人，但你不一定想当。一个人只有把他想做的和他能做的结合起来，这才是他的特长。

要想形成最具有竞争力的特长，最佳方法是帮助孩子在他最感兴趣的领域施展他的天赋，用公式表示就是：兴趣 + 天赋 = 特长。只有把兴趣和天赋结合起来，才能形成自己的特长。

爱因斯坦在上中学时感兴趣的知识领域是数学，在上大学时感兴趣的知识领域是分子物理学，而他的天赋是具有严密的数理逻辑能力，他在他最感兴趣的领域——分子物理学，施展了他的天赋——数理逻辑能力，发现了相对论。如果我们逼着爱因斯坦在他不感兴趣的领域里去干他不擅长的事——当政治家、文学家或是运动员，恐怕他将一事无成。

因此，形成最具有竞争力的特长的最佳方法就是：做最喜欢的事，做最擅长的事。你可以帮助孩子选择一个他最感兴趣的专业知识领域，运用他的天赋，进行深入细致的研究，一直研究到底，直到成为这个领域中出类拔萃的"专家"，如果孩子有了这种本领，肯定能生活得非常好。

成长实用智慧

除了与孩子充分地沟通交流之外，在全面了解自己孩子的基础上，要做到尊重孩子自己的想法。谁也不能忽略兴趣的重要性，我们都知道，孩子的潜力是无穷的，只要他们认准了一件事情，即使受再大的苦累他们都不会在乎。

第十二件事 积极开发孩子的右脑

对于一个刚出生的孩子来说，也许我们觉得他们懂得太少或者就是大脑一片空白的孩子而已，其实真实情况并不是这样的，神经学家研究发现：孩子在出生后的早期经历对脑部的神经系统的影响非常大，这时的影响甚至会影响其一生，而人类大脑的实际结构并非完全来自于遗传系统，最主要的还是由后天早期经历来决定。

对于这一问题，美国科学家曾经做过相关的实验，在孩子出生后对他们的大脑神经系统进行扫描，发现经过视觉、听觉、触觉等信号的刺激，脑神经细胞之间会迅速地做出反应，进行广泛的联系。其中最主要的是视觉对大脑发育的影响，可以说是大脑发育的起点，在孩子出生后的几分钟内，当妈妈紧紧地注视着宝宝的时候，宝宝转动的眼睛突然不动地盯着妈妈，而这一瞬间妈妈的脸将会在他的大脑中留下持久的记忆。听觉也是如此的。当宝宝3个月大时，视觉皮层的细胞联系会达到一个最高峰。而2岁内，大脑的每个神经细胞都与大约一万个其他细胞相连，每秒钟都能向附近的细胞发送一百条以上的信息。

人的大脑是一座丰富的宝藏，目前人们并没有充分地利用它，尤其是右脑的潜能极大，其信息容量是左脑的数十万倍。右脑恰似一座巨大的收藏录像带的仓库。有关人士研究指出，70%以上的具有高创造力的科学家，他们的优势都在右脑半球。一个人聪明与否很大程度上取决于右脑半球的功能发挥。右脑主要是在形象感知、空间定位、面貌识别和音乐美术的欣赏等方面优于左脑，开发右脑能发展形象思维，使孩子学得轻松，可大大提高记忆力和综合能力。开发右脑能发挥孩子的创造潜力，使孩子变得更聪明，这也就是人们常说的“左撇子”人较聪明的科学道理所在。人们的传统习惯是使用右手优于左手，结果左脑发达而右脑未能得到很好开发。左脑功能仅在抽象思维、语言、计算、逻辑推理等方面起主导作用，而形象思维、艺术鉴赏就差一些。如左右手并用的人便会使左右脑都得到发展。生活实践也告诉我们，自幼学钢琴、手风琴的儿童，因左右手并用使左右脑都得到锻炼，不仅琴弹得好，而且形象思维、记忆、联想、学习也较一般儿童都要突出，学得也很轻松。

因此，必须采取科学的措施，实施生动活泼的引导方法，因势利导，循序渐进，激发孩子的兴趣，在玩中教，在玩中学，让儿童在不知不觉中学到知识，使儿童经常保持良好的情绪，保护和尊重他们的好奇心。从具体措施上讲，父母可根据儿童生理特点从以下几方面努力：

1. 充分调动和训练感觉器官

让纷繁的感受刺激脑细胞的生长发育，促进脑细胞的树突和轴突的繁茂生长。如让儿童多看各种物体的颜色、形状、大小，刺激视觉细胞发育；用嗅觉去闻各种气味，刺激嗅觉细胞发育；用舌头品尝各种味道，刺激味觉细胞发育；等等。通过触觉、温觉、冷觉及质地的软硬来促进感觉中枢神经细胞的发育。手脚是全身器官的缩影，按摩手脚除了能促进感觉神经末梢的发育以及手脚的灵活性外，从传导作用上说，也就等于按摩了全身并对促进全身的发育起到保健医疗作用。

2. 尽量引导儿童做各种运动

多使用左眼、左耳、左手、左脚，发挥其功能，促进右脑的发育。由简单到复杂的运动，由被动到主动的运动，要有意识地激发儿童早用手抓、握、捏、扔、接、拍及跑、跳等各种运动，尤其是要训练其手脚的精细动作，促进小脑发育和平衡。

3. 尽早地促使孩子音乐细胞的产生

音乐细胞的培养可促使右脑的活跃，形象思维的联想，创造潜能的开发。长期给儿童播放美妙的轻柔的音乐，让变幻无穷的音调，起伏不定的节奏，丰富多彩的音色来启动其纯净的心灵，智能的苏醒。长期受音乐感染和熏陶的儿童会心平气和、情绪稳定而思想活跃、热情活泼、兴趣广泛，并能较好地促使注意力集中，提高学习效果。

4. 使大脑处于最佳的状态

供给儿童充足的氧气，让儿童在宽敞明亮的空气新鲜的环境里生长。儿童大脑在生长发育中，需氧量很大，约占全身需氧量的1/2。为了保证大脑功能充分发挥，应培养儿童较为固定的作息时间，使体内生物钟呈周期性和规律性的运转，节约大脑能量。养成良好的生活习惯，提高睡眠和生活的质量，并应保证儿童有一定的主食量，以促使血中有足够的葡萄糖含量供给大脑，保证大脑能量消耗。

成长实用智慧

聪明的父母都会善于利用孩子的好奇心，来聆听、指导孩子认识真实的世界，而非拼命硬式的灌输各种知识，像平时一些简单的礼貌用语，还有在玩中的与他人相处，对周围事物的勇敢探索，只要我们给予他们这些支持，就可以使他们的大脑皮层得到健康的发展。

第十三件事 男孩的天赋及早发现

1979年6月，中国曾派一个访问团去美国考察初级教育。回国后，访问团写了一份3万字的报告，在“见闻录”部分有四段文字：

学生无论品德优劣、能力高低，无不趾高气扬、踌躇满志。

小学二年级的学生，大字不识一个，加、减、乘、除的简单算法还要掰手指头，却整天奢谈发明创造，在他们手里，让地球掉个头，好像易如反掌似的。

重音、体、美，而轻数、理、化。无论是公立还是私立学校，音、体、美活动无不如火如荼，而数、理、化则乏人问津。

课堂几乎处于失控状态，学生或挤眉弄眼，或谈天说地，或跷着二郎腿，更有甚者，如逛街一般，在教室里摇来晃去。

最后，在结论部分是这么写的：

美国的初级教育已经病入膏肓，可以这么预言，再有20年的时间，中国的科技和文化必将赶上和超过这个所谓的超级大国。

无独有偶，在同一年，作为互访，美国也派了一个考察团来中国。他们在看了北京、上海、西安的几所学校后，写了一份报告，在“见闻录”部分也有四段文字：

中国的小学生上课时喜欢把手放在胸前，除非老师发问时，举起右边的一只手，否则不轻易改变；幼儿园的学生则喜欢把手背在后面，室外活动时除外。

中国的学生喜欢早起，七点钟之前，在中国的大街上见到的最多的是学生，并且他们喜欢边走路边吃早点。

中国学生有一种作业叫“家庭作业”，据一位中国老师解释，是学生作业在家庭的延续。

中国把考试分数最高的学生称为学习最优秀的学生，他们在学期结束时，一般会得到一张证书，其他人则没有。

在报告的结论部分他们是这么写的：

中国的学生是世界上最勤奋的，在世界上也是起得最早、睡得最晚的；他们的学习成绩和世界上任何一个国家的同年级学生比较都是最好的。可以预测，再用20年的时间，中国在科技和文化方面必将把美国远远地甩在后面。

25年过去了，美国“病入膏肓”的教育制度共培养了几十位诺贝尔奖获得者和一百多位知识型的亿万富豪，而中国却还没有哪一所学校培养出一名这样的人才，两国专家的预言都错了。

每个孩子都拥有独特的天赋，中国的学校只承认一种，那就是把课堂上灌输给他们的知识写在试卷上的天赋。美国的学校则承认孩子各有各的天赋，并且在教育工作中让他们竭尽全力张扬他们的天赋。要想使预言不再出错，要想使中国的每一个孩子都有一个好的前程，现在中国父母唯一要做的也许不是帮助学校把他们的考分再提高一些，而是保护自己孩子的天赋不再受到侵害。

现在不重视孩子早期教育的父母不多了，但深谙教育之道的父母实在是太少，相当多的家长不知从何着手。他们或者盲目仿效别人（人家为孩子购置了一架钢琴，他也买一架），或者买一本育儿的书照章办事。结果人家成功了，自己却破财费力而“好心没好报”，道理很简单，你的孩子天赋并不在此。由此可见，及早发现孩子的天赋，并有针对性地采取培养措施，才是科学的教子之道。

正在读高二的小强在班级里学习成绩不算突出，考试成绩经常在后几名徘徊，偏偏他的父母对他的期望值非常高，做生意的父亲脾气又有些急，经常会骂他几句甚至打几下，小强一度对学习绝望了。

今年暑假，小强和父母又起了冲突，一气之下他竟然选择了离家出走！小强音乐天赋不错，歌声动听，于是去了太原寻找一名据说可以帮助他在音乐方面发展的网友。小强这一走，让家人、同学和老师找了个天翻地覆，后来还是那名网友的父母将小强送回了沈阳，结束了他为期15天的出走经历。

开学后正是高三，老师非常担心小强厌学，于是反复做小强的工作："你这么聪明，看什么都背得快，特别适合学文科，怎么能放弃呢？这样吧，我们约定2个月的时间，你抛开那些学不明白的理科，就尝试背政治、英语这样的科目，我保证你期中考试进班级前10名！"

小强半信半疑地答应了这个约定。期中考试的时候，奇迹出现了，小强竟然真的在50多人的班级里考了第7名！同学们都说，他是一匹"黑马"。小强高兴得不得了，参与班级活动的热情也更高了，在校秋季运动会上，还取得了跳远第一名的好成绩。

老师把小强的父母专门找来谈话，告诉他们不要打骂孩子，也不要给孩子太多压力，要宽容，要鼓励。其实每个学生都是好学生，要让他们有自信，他们才能发挥出潜力。

每一个孩子都有特长，哪怕这个特长仅仅是玩游戏。父母要做的，是提供一个舞台，将孩子的特长发挥到极致。

高考结束后，陈荣眼睁睁看着同学们考上大学远走高飞，在心里发誓：一定要赚很多钱，证明给所有人看，陈荣不是没出息。

因为在游戏领域已小有名气，陈荣被巨人、盛大、网易、九城、久游等游戏企业争相聘用。他甚至被行业人士冠之"少年盖茨""天才游侠”，他成了这个领域最具有杀伤力的武器，哪一家公司得到他，就能战胜对手。

从小到大，陈荣的父母总拿他和隔壁的小孩对比：“看看人家，每天放学回来就不出去，学习成绩从来不让父母操心，每次考试都是前三名。你说你，只知道玩游戏，放学就往网吧跑。以后你找不到事做，等别人留学回来，你就帮他提鞋，别人还嫌你手脚慢了！一点都不争气！”

十年，整整十年，陈荣就是在这种唠叨声中长大的。

只有在游戏世界里，他才有一点自尊。每一款游戏他都能玩到顶级，不论是谁，进了游戏，他一招就能灭了那个人。在这里他是一个英雄！如果高考考的是打游戏，他可能就是状元了！

因为沉迷于网游，父母甚至去请了心理医生。医生给出结论：现实生活中的挫折和自卑，让孩子产生逃避和逆反心理，恰好虚拟的游戏世界，能够满足他的成就感。这就是产生网瘾的原因。

正是因为对游戏的痴迷，让陈荣有了一个更大胆的想法：自己开发游戏。

“我要开发一个颠覆传统的游戏，这里每个人都是英雄，不论你有什么特长，只要能练到极致，你就是高手。”

这个梦想在高中就有了，但真正开发出这款游戏是他后来进入游戏公司后，才得以实现的。

在这个虚拟世界里，每个人都能把握自己的命运，你可以选择学习任何技能，没人逼你学不喜欢的，这里没有高考，只靠能力见高低。

实际上如果没有进入游戏行业，陈荣连一份像样的工作都找不到，可是他在游戏的世界里找到了自己的一番天地。可见，哪怕是游戏的特长，也是值得家长留心和注意的。

著名的法国昆虫学家法布尔5岁那年跟随父母去郊游，有一天晚上听到丛林中传来美妙的鸣叫声，他被这种声音吸引，不由自主地找寻过去，发现那声音不是小鸟的叫声，而是一种蚂蚱发出的声音。从此他对昆虫产生了极大的兴趣，后来成了很有成就的昆虫学家。

让孩子广泛地涉猎各个领域，广泛地参与各种活动，才能从中发现孩子的天赋。发现孩子的天赋所在后，给他们创造良好的环境和条件，鼓励他们将自己的天赋发挥到极致。这就是培养孩子成才的捷径。

成长实用智慧

男孩自信、生机勃勃。他们喜欢集体生活，并善于根据自己的实力来估计自己在所处集体中的地位，更喜欢主宰、控制环境。男孩喜欢竞争，在竞争环境中他会觉得兴奋，男孩也愿意接受挑战，甚至有不为任何理由就去冒险的倾向。

第十四件事
保护孩子的好奇心

“妈妈，我是哪儿来的？”“妈妈生的。”“妈妈是哪儿来的？”“妈妈的妈妈生的。”“妈妈的妈妈……”经常和孩子在一起，你一定会发现他们似乎有问不完的问题，闯不完的“祸”，弄得大人往往觉得他们挺烦。但如果我们静下心来，便会从孩子问这问那、摸这摸那中看出，其实他们是对大千世界充满了好奇，他们渴望通过自己的探索了解世界，探个究竟。牛顿因为苹果从树上掉落而引起好奇，后来发现了万有引力定律；瓦特对滚水把水壶盖子掀起产生好奇，进而探究其原理，才有了蒸汽机的发明……

孩子常常对我们已经习以为常的东西表现出极大的兴趣，好奇心是孩子们的天性，往往蕴藏着不可预测的潜能，也是他们敢于探索新知、敢于创新的动力，是获得智慧的关键。保护孩子的好奇心，就是保护孩子的未来幸福。

当孩子对一件东西表示好奇并且开始表现出一种破坏物品的行为的时候，你该怎么做？有没有想过如果保护了物品你可能就无法保护孩子的好奇心了？在我们传统的教育观念中，长辈们似乎更关心的是保护物品不被孩子损坏，而对孩子的要求就是不要调皮捣蛋，这样的观念是一种扼杀孩子好奇心的观念。

著名教育家陶行知先生曾碰到这样一件事。一位母亲对他抱怨说，她的儿子非常淘气，把好好的一块贵重金表给拆坏了，她把儿子打了一顿。陶行知先生当即说：“可惜呀，中国的爱迪生让你给枪毙了。”

陶行知先生的这番话确实道出了目前在家庭教育中，一些父母是怎样在无意中扼杀了孩子可贵的好奇心。因为这会直接影响到一个人的创造性的形成。保持孩子好奇心的诀窍是大人要有童心，要会换位思考。大人对孩子的好奇心不能理解，甚至不耐烦是因为孩子因好奇心而引发的问题，大人早就知道了，站在大人的角度，没什么可解释的。正如作家桑姆·金丽所说："我们的眼睛变得只盯着追求的目标，以至于对眼前的玫瑰花也不惊奇。"

因此首先要解决的问题是尊重孩子的好奇心，允许他提问。其次不要敷衍孩子，要给孩子的提问以满意的回答。如果自己不懂，就带孩子一起去找答案。另外，家长要学会说这样一句话："我真喜欢你爱提问题。"有时对孩子的提问，还可以不马上提供答案，而是进一步提出一个疑问和悬念，激起他更强的好奇心。最后允许孩子探索，比如拆东西。家中如果有贵重东西，尽量放在孩子看不到的地方，如果他看到给拆了，也千万不要责备他。否则对孩子的好奇心是致命的打击。

好奇心是孩子的天性，也是他们敢于探索新知、敢于创新的动力。创造精神就像是一双巨大的翅膀，能带着孩子在知识的天空里展翅高飞。父母可从保护孩子的好奇心开始，培养他们的创造精神。

诺贝尔物理学奖得主、美国加州理工学院物理系教授查德·费曼天生好奇，自称为"科学顽童"。他十一二岁就在家里设立了自己的实验室。在那里自己做马达、光电管这些小玩意，还用显微镜观察各种有趣的动植物。

他还在其著作《别闹了，费曼先生》一书中讲述了自己在念研究生时发生的一件事：为了弄清蚂蚁是怎样找到食物，又是如何互相通报食物在哪里的，他着手做了一系列实验，如放些糖在某个地方，看蚂蚁需要多长时间才能找到，找到之后又如何让同伴知晓；用彩色笔跟踪画出蚂蚁爬行的路线，看究竟是直的还是弯的。正是这些实验使他知道蚂蚁是嗅着同伴的气味回家的。

由此可见，费曼先生在物理领域取得的巨大成就与他强烈的好奇心不无关系。父母要想为自己的孩子创造良好的启发环境，就应该保护孩子的好奇心，鼓励他们在满足好奇的过程中获取知识。

成长实用智慧

苏霍姆林斯基曾说：“在男孩的心灵深处，都有一种根深蒂固的需要，就是希望自己是一个发现者、探究者和成功者。”保护物品还是保护好奇心？祖辈的传统教育观念中，这些玩耍是无意义可言的，他们更关心的是物品的安全完好以及孩子要听话不捣乱，却不知孩子的好奇心就这样在无意中被扼杀了。

第十五件事 尊重成长的规律

孩子的成长有其自然规律，同样都是成长，但不同孩子的成长有快有慢。他们因个性气质、智力结构、认知水平、知识经验、心理特点等的不同而决定了在同一发展阶段上的不同，加之孩子吸收周围环境、成人施加教育影响的不同，使有的孩子发展得快些，早早地锋芒毕露；有的孩子发展得慢些，可能属于大器晚成。

所以，有些事是急不来的，一定要尊重孩子的成长规律。

1.白纸论或空瓶子论等传统教育观念是错误的

白纸论或空瓶子论等传统的教育观念都有严重的问题：

第一，认为孩子可以任意被塑造，而忽视了孩子天然的成长规律；

第二，过于重视大人的塑造，而忽视了孩子才是自己成长路线的决定者。

孩子的成长，有一个比较固定的规律。每个孩子都是一个精神胚胎，0～6岁期间是它的关键发育期，到了6岁时，它基本发育成型，而这个孩子的人格和智力也由此有了一个比较稳定的结构。从这一点来说，孩子不是一张白纸，也不是一个空瓶子。既然这个精神胚胎有一个比较固定的规律，那么，成人可不可以按照这个规律“塑造”孩子呢？

不能这么做！精神胚胎的成长，大致有一个固定的规律。但是，每个孩子的精神胚胎的具体成长，却是千变万化的，不可能有一个非常固定的程序。这就产生了一个最关键的问题，谁最能了解这个精神胚胎的具体成长的具体需要？答案只有一个：每个孩子自己！

精神胚胎的发育，必须经过一些非常具体的活动，著名教育家蒙台梭利将它称为“实体化”过程，这里我们用另一个词——肉体化。就是说，孩子必须通过自己的手、自己的脚、自己的口、自己的“肉体”的各个部分，还有自己的头脑，去参与各种各样的活动，而这个孩子的精神胚胎就在“肉体”的这些非常具体的活动中不断成长。

和我们的习惯思维不同，孩子的行为并不是随意的。他们自发选择的每一件事情，都是在满足这个精神胚胎的成长需要。可以说，作为精神胚胎的载体，孩子最清楚自己需要做什么，孩子很多看似不可理喻的行为，其实都有其宝贵的价值。

作为成人，最重要的不是按照自己的设计方案去塑造孩子，而是理解孩子行为的意义，并在最少干预的情况下，给予孩子一些基本的帮助就可以了。

2. 孩子的成长有固定规律，家长不要随便干涉

辛辛 4 岁的时候，0 ~ 10 的数还不会数，母亲有些着急，于是有一段时间，每天她就哄儿子，试图诱导他多去操作数学模具。她常对儿子说：“辛辛，妈妈听老师今天夸你了。”

“夸什么了？”辛辛问。“妈妈听说你今天进班里操作数学模具了。你真优秀呀！”她说。“没有，”辛辛想了想回答说，“我今天操作的是拼车和拼房子。”

显然，诱导失败了。于是，母亲又换了一招，有一天说：“辛辛，听老师说你没别的小朋友聪明，你数学模具都不会操作。妈妈不相信，妈妈觉得你是全世界最聪明的孩子，咱们去操作操作。”

这一招发挥了作用，辛辛跟着妈妈去操作了一次，但结果是，接下来几个月里他都不愿意碰数学模具。后来，妈妈再哄他，辛辛就反问妈妈：“妈妈，你为什么要强迫我操作数学模具？”幼儿园的老师也对妈

妈说辛辛很烦那些数学模具。

辛辛的这种烦，辛辛妈妈知道是怎么回事。她说："孩子会根据精神胚胎发育的需要去自发安排自己的活动，但成人的干涉打破了他们的这一发自内心的需要，所以让他们很反感。"道理归道理，她仍然像普通妈妈一样，担心儿子的数学学不好，直到有一天，她才发现，原来儿子对数学是那么敏感。那是辛辛5岁的时候，家里有一个钟，有一天，他忽然对妈妈说："妈妈，我发现了一个秘密！"

"发现什么秘密了？"

"你看嘛，那个11、12，下边肯定是13、14、15、16、17、18、19，对不对？"钟上自然没有那些数字，全是辛辛自己推理出来的。也就是说，辛辛通过自己的观察，发现了24小时计时法，而这也是三角中的任意角的记法。辛辛的这一发现，让妈妈感慨万千，她从此不再担心儿子的数学能力。

3. 尊重孩子的自由探索

与成人教的知识相比，孩子们自己的发现要好上一百倍，一万倍，你怎么强调都不过分。因为，教来的知识是僵化的，是死的。相反，如果孩子们有了一双善于发现的眼睛，那么他们可以在任何时候主动学习，主动发现知识乃至整个世界运转的奥秘。

很多孩子，尽管脑子里装了无数知识，但因为都是别人灌输给他们的，所以这些孩子严重缺乏创造力。实际上，很多这样的孩子，他们的精神胚胎根本还没怎么发展，就是说，那些知识全是别人的，而没有变成是他们自己的。

因此我们必须尊重孩子的自由探索，也必须给他时间和空间，而不要占用他太多时间，让他根本没机会这样做。

成长实用智慧

男孩教育要遵从男孩的天性。男孩子有心理上和气质上的鲜明特征，如直爽开朗、大胆好斗等，有一首歌曲里的两句歌词很能说明问题，“男孩子下雨天他也不带伞”“男孩子遇事就爱打抱不平”。男孩行为上这些特征的形成，不仅受到遗传基因、性激素水平的影响，还受到环境因素和后天教育的影响。如果教育者对孩子的关心大多放在学习成绩、身高体重上，而对他们心理发育和气质的形成较少关心，孩子就容易变得性格内向、胆小怕事。

第四章

让孩子自己来

男孩必须学会自己解决人际问题，因为家长不可能时刻陪在孩子身边。男孩如何利用“我能解决问题”技巧，来处理他们在学校、家里以及和朋友们在一起时会遇到的各种情况？男孩怎样才能学会解决现在和将来所要面对的问题？

第十六件事
给孩子尝试的机会

在孩子成长的道路上，存在着一个非常温柔的陷阱，而这个陷阱就是那些过分庇护孩子的父母亲自挖掘的。掉进陷阱里的孩子，由于被剥夺了犯错误和改正错误的机会，从而也失去了长大成人和充分发展创造力的权利。

真正爱孩子，就请家长多给他们一些尝试的机会吧！

一、多为孩子提供各种尝试的机会

明智的父母普遍愿意为孩子提供种种尝试的机会，因为他们明白一个浅显的却又被许多人忽视的道理——没有足够的尝试，也就不可能取得最后的成功。

1. 让孩子尽早地开始“第一次”

一个发育生长正常的儿童，到了 2 岁后大多数会自然地出现摆脱母亲“控制”的倾向（在这些孩子的眼里，总是将母亲的呵护视作对自己的“控制”）。他们往往会大声嚷嚷：“妈妈，让我自己洗脸！”“妈妈，我不要你喂饭，我自己会吃饭！”

虽然孩子第一次学习洗脸极有可能洗不干净，甚至可能边洗脸边忘乎所以地玩起水来。但你不应该沉起脸收起毛巾，或干脆代劳了事。你应该在耐心具体指点的同时，对孩子的表现大加赞赏：“真了不起！我们的宝贝会自己洗脸啦！”

孩子第一次自己动手吃饭也许会弄脏了新衣服，或者搞得满桌狼藉，然而聪明的父母往往对此“视而不见”，反而满怀喜悦又诚心诚意地高声赞美道：“我们的宝宝真聪明，看他饭吃得多好，学得有多快！”

3岁的小奥尼第一次学习扣自己衣服上的那一排扣子，不是扣错了，便是笨手笨脚地老也扣不上。此时，在一边的母亲没有显出一丁点儿不耐烦，也没有上前取而代之，而是耐心地等候。孩子终于把最后一颗扣子扣好了，一看时间，足足花了一刻钟。但做妈妈的仍然感到这点时间花得值得，因为这毕竟是儿子第一次学扣扣子呀！

2. 鼓励是很重要的

4岁的小费特十分喜爱爸爸给他买的那双有漂亮鞋带的运动鞋，可他到底还小，老学不会系鞋带，有好几次还系成了解不开的死结。妈妈有点心烦，主张去商店换一双不用系鞋带的“方便鞋”，但爸爸不同意。他鼓励小费特说：“系鞋带并不比吃饭难学，只要多练习几次，你肯定就能学会。”他还细心地将一条旧领带拴在椅背上以便孩子可以更多、更方便地练习打结。果然，不出3天，小费特不仅学会了系活结，而且还学会了好几种系鞋带的方法。

3. 专家的分析和建议

儿童教育专家在对那些不愿为孩子提供尝试机会的父母的心理作分析时指出：首先，有些父母特别是一些年轻母亲，总认定“全面”照顾孩子是自己“义不容辞”的责任，因而事事处处总想“包办代替”。殊不知这么一来反而剥夺了孩子学习的机会，长此下去孩子不仅可能手脚笨拙，而且还可能产生强烈的依赖性，丧失宝贵的自信心，对今后的生活也可能产生负面影响。

其次，不少父母对孩子缺乏耐心，他们往往不现实地要求孩子“一蹴而就”，而在孩子出现挫折时便强迫孩子放弃努力。

再次，也有的父母对孩子尝试各种事情的“标准”要求过高，这也看不惯、那也看不惯，最后就往往索性完全由自己代劳，还认为这样反而省事、省时、省心。

说到底，给孩子多多提供尝试机会也是实施挫折教育的一个有机组成部分。原因很简单：孩子一旦被剥夺了尝试的机会，也就等于被剥夺了犯错误和改正错误的机会，因此也不可能迈向成功之路。

要让孩子的尝试取得成效，还必须注重循序渐进，注重孩子不同年龄段的不同特点，注重各个孩子的不同个性，并充分了解和尊重他们各自的兴趣喜好以及心理需求。一开始让孩子做一些难度较小的尝试，以便孩子取得成功后自信心上升，接着再渐渐增大尝试的难度，目的是让孩子在失败和挫折中培养不向困难低头的精神。此外孩子的种种尝试必须出于自愿，勉强或强迫只会事与愿违或事倍功半。

二、允许孩子失败

在成长的过程中，孩子终归会有面对失败的时候。如果孩子还小，许多父母们可能会一笑了之，或者帮他把问题处理掉，甚至干脆让孩子放弃。因为他们认为，这时孩子的能力还不足以完成这个任务，等他再大一些，就完全能够胜任了。

但有些父母却不这样认为，他们常常会让孩子去做些力所不及的事情。因为只有经历过失败的艰辛，才能享受到成功的喜悦，也只有一步步成功，孩子才能真正地长大。

麦克的儿子查理就是这样长大到10岁的，如今这个小男孩不但会自己照顾自己的起居生活，修理家里的水管、电器，就连修汽车也能说个头头是道。在中国，这些东西可能二十几岁的大小伙子也未必了解。

查理第一次做事，是在2岁的时候，他看到麦克正在洗碗池里洗碗，感到很好奇，拉着麦克的腿，不愿和妈妈回到客厅去。见此情景，麦克干脆把查理抱到洗碗池上：“来吧，查理，你来洗碗好了，看看你能干得怎么样！”查理挺听话，马上跳进洗碗池里干了起来。这是在洗碗，同时也等于是在洗澡，衣服裤子都湿了个透，碗不但没有洗干净，而且还摔碎了一个。

如果换成是我们，大概早已经把孩子抱走了吧！可麦克没有制止他，也没有指点他该怎么做这种工作，一直站在旁边，笑着看着查理的一举一动。

开始时，查理还在笑，觉得坐在洗碗池里玩是件有意思的事。可是，慢慢地，他觉得这一点也不好玩，油污涂了满身，凉水沾在身上，很不舒服。他求助似的看了看麦克，麦克把头转到了窗外。查理无聊地把水泼到水池外面，把碗推到洗碗池一角，把水笼头打开……终于，他再也忍不住地哭了起来。这时，麦克才把他抱出来，送他去洗澡，换了干净衣服，把他放到洗碗池旁边，自己戴好围裙，把洗碗液挤到水里，然后，在查理的注视下，一个个地把碗洗干净，抹干。接着，把查理的玩具碗筷放到了水池里。

查理这一次洗玩具碗筷，衣服只湿了一半。第三次时，只有袖子湿了一点点。麦克又教他怎样把碗洗干净的方法，查理做得也就越来越好了。

这不过是小儿科，比较危险的是烧水。

水壶放在煤气灶上，壶里的水被烧得滋滋响，麦克用一块手巾垫在手下，把水壶拿了下来。查理也要做。那时他4岁，对于他来说，这是件非常危险的事，不但可能烫到手，还可能会把整壶水倒到身上，造成大面积烫伤，甚至由此引发生命危险。麦克知道，查理对已烧开的水壶很感兴趣，他原本也同意像妻子所说的那样，不让查理接近水壶就行了。可是，他能保证查理在自己视线之内，不动那装满了开水的水壶，但谁又能保证，查理在大人们的视线之外，不去动那个水壶呢？因此，麦克决定，教查理正确的拿水壶的方法，让他知道，会发生什么危险，并具备躲开这种危险的能力。

他把水壶里的水换了温水，告诉理查，水开时的水汽会把水壶把蒸热，所以要垫上毛巾才能拿，水很热，要注意，不能让水壶倾倒下来。第一次尝试时，半壶水都倒在了查理身上，由于是温水，所以只不过烫红了查理的胸膛和手臂。

“这是因为你的力气不够，”麦克说，“你需要用两只手。”

说完，麦克又为他换了壶温水。

“不，爸爸，我再也不拿水壶了，”查理胆怯地后退着，“我知道，这很危险，我再也不碰了。”

“你一定要再试一试，你有这个能力。”麦克鼓励他，“用我教你的方法，你一定行的。”

在麦克的指点下，查理又试了一次。这次，他安全地把水壶取了下来。

成长实用智慧

“要给孩子失败的机会，面对失败，一次次改正错误，直到成功，这不只是教孩子学习并掌握能力，同时也是教他一种人生态度。”麦克成功了，因为，他的想法是正确的。

第十七件事
孩子要懂得与同学交流

培养和训练孩子具有和谐的人际关系，使其乐于与人交往，宽以待人，乐于助人，客观地评价自己和他人，形成积极的交往态度。

交友和读书对孩子的发展同样重要。其实，交往是儿童的基本需要。孩子只有与环境相互作用才能得到发展，其中，与人交往是重要的一环，对孩子个性、情绪情感、智力能力的发展都有重要作用。

一、让孩子善于与同学交往

来看一位母亲的描述：我的儿子是重点学校的优秀生，他的成绩一直在年级都名列前茅。因为有一次他为一个同学解答数学题目，出了点差错，那个同学非常不高兴，到处嘲笑他，此后别人向他请教问题，他即使知道也坚决不告诉。他从此与同学很少交往，放学就回家读书，同学有的偷他的书，破坏他的文具，他说自己快被气疯了，老觉得有同学在背后说他的坏话，甚至不愿意上学了。

学习第一，至于人际交往的能力，上了大学，找了工作再学习也不迟，这是家长容易进入的误区，在这样的指导思想下，家长往往可以满意地看到一个不惹是生非的乖孩子、成绩优异的好学生，但由于缺少与同龄人的交往和分享，孩子往往就无法建立起对这个世界的信任与正常交流的渠道，他就成了一个有隐性问题的孩子，最后可能会因人际关系恶劣而形成个性发展偏差，甚至发展为心理疾病。

掌握人际交往能力，建设良好的人际关系对人生的影响有：

（1）有助于身心健康。心理咨询的实践证明，人际关系的处理妥当与否，对身心健康的影响极为明显。

（2）良好的人际关系是人生快乐的源泉。心理学家经过广泛的调查发现，良好的人际关系对于生活的幸福具有重要意义。一个人是否幸福，取决于自己与别人是否关系良好。

（3）良好的人际关系意味着成功。这一点家长都很明白。

（4）完善自己的性格。心理学家大量研究证明，一个人如果长期生活在良好的人际关系当中，那么他的个性就会得到健康的发展。

综上，我们认为，孩子的人际交往能力比学习成绩更重要，绝不能等到上大学再培养。

二、让孩子乐于向同学请教

现在的很多孩子都是独生子女，其成长环境使得他们和父辈们比较起来表现得更加有主见、有个性，自尊心也更强。但是，不可否认的是，今天的孩子和别人的交往能力却未必比得上父母，相互之间的协作能力也明显差了很多。表现在具体的学习中就是不愿意，或者是不善于向同学请教。

一项调查显示，当被问到“你在学习中遇到困难的时候会怎样解决”时，有55%以上的同学选择“自己克服困难”，23%的学生选择了“问老师”，而选择“向同学请教”的学生竟然不到20%!当被问及“为什么不愿意向同学请教”的时候，很多同学都回答“那多没面子啊”“我觉得他们还不如我呢”。面对这样的回答，不能不让人感到深深的忧虑，因此在教育孩子的过程中应该改变孩子的这种心理状态。

1. 多发现别人的优点

有位老师进了教室，在白板子上点了一个黑点儿。他问班上的学生：“大家看到了什么？”

大家都异口同声：“一个黑点儿。”同时对老师的问题感到好笑。

这时老师故作惊讶地说："只有一个黑点儿吗？这么大的白板难道大家都没有看见？"众生默然。

是的，每个人身上都有一些缺点，但是你看到的是哪些呢？是否只看到别人身上的"黑点儿"，却忽略了他身上拥有的一大片的白板（优点）？

其实每个人身上必定有许多优点，换一个角度去看问题，你就会有更多的发现，会看到你过去所没能看到的美丽风景。"不耻下问"是传统美德，多看到别人的长处，多向别人请教，并不意味着你比不上别人，相反，恰恰表示你有着宽广的胸怀和视野。

成长实用智慧

俗话说"张口三分得"。只有勤问才能多得。学无止境，没有一个人能不向别人求教就什么都懂。在凭借自己的努力实践、学习的同时，向别人求教也不失为一条丰富自己知识的好途径。

第十八件事 不做孩子的“监工”

父母不要光盯着孩子的分数，应该把精力放在孩子的全面发展上，平时要留意孩子的作业是否认真，观察孩子的学习态度是否端正。如果发现问题，就要及时与孩子交流。

面对刚刚踏入校门的孩子，很多父母对其学习紧张万分，不知道在家里该如何辅导孩子；孩子上中学后，面对越来越难的家庭作业，父母对孩子的辅导也越来越吃力，这时又该怎么督促孩子的学习呢？

“盯防术”容易使孩子产生依赖心理。上小学四年级的多多很苦恼：“我做作业的时候妈妈老坐在旁边陪我，让我很紧张。我稍一停顿，她就会问我怎么了，看见我有不会的题就非得给我讲。为了让妈妈别嘟囔我，我就说会了，实际上根本没听懂。”据了解，很多父母特别是年纪小的孩子的父母都习惯陪着孩子写作业，他们担心一不陪着，孩子就磨磨蹭蹭地写不完作业。有的父母一看孩子有不懂的地方，往往会主动帮助，这样孩子对父母产生了依赖，容易在心理上轻视上课的听讲。而且父母对孩子的教育思路和方法也未必得当，反而会拖了孩子学习的后腿。

对低年级的孩子，我们提倡父母用与孩子交流的方式来了解孩子在学校的学习情况，父母可以翻开孩子的书本，问孩子这一天、这一周都学了些什么，学过的课文能不能读给父母听，让父母也学习学习，激发孩子的积极性。在这个过程中父母可能就会发现孩子掌握得不牢固的地方，也可以问孩子有没有不明白的地方。发现问题才能有针对性地帮助孩子。但这并不代表父母要陪着孩子做作业，父母的作用是适时地给予辅导和点拨，而不是当“监工”。

从细节培养良好的学习习惯。孩子的小学阶段是养成良好的学习和行为习惯的关键时期，父母一定要在这方面多花功夫，配合学校帮助孩子养成好习惯。比如父母可以大概了解孩子的作业量后，给孩子定下时间，然后用商量的口气鼓励孩子，“你看看能不能在20分钟内把这些作业做完，而且写得正规？”

要求孩子养成良好的行为习惯要从细节抓起，比如书、作业本应该怎么翻才能让它不受损坏，一开始学拼音和生字时要指读，学课文时要端着读，削铅笔留下的粉末应该小心堆放在课桌一角，下课后收拾到垃圾桶……父母也要及时发现和纠正孩子在家里的一些不良小动作，及时与老师沟通，在家里也要按老师在学校的要求一样严格要求孩子，让孩子感觉父母的要求和老师一样，是必须遵守的。

建立自信比做题重要得多。很多父母都发现，孩子在小学时门门功课都能考90分以上，怎么一上初中，成绩下滑得那么厉害，于是心里很着急，想辅导孩子却又不得要领。分析原因，孩子上初中后，一下子加了很多课，而且大部分课都要考试。在这种情况下，在小学时学习中游的孩子最容易出现两极分化。养成良好学习习惯的孩子就能很快适应初中生活，会听课，作业也写得很认真，学习成绩会稳定并且逐渐提高。反之，那些没有养成良好学习习惯的学生成绩很容易滑坡。

专家提醒父母，孩子上中学后，父母一定不要光盯着孩子的分数，应该把更多精力放在孩子情商的培养上，平时要留意孩子的作业是否认真，观察孩子的学习态度是否端正。如果发现问题，就要及时与孩子交流，或者和老师沟通。孩子正在进入青春期，心理和生理都在发生变化，父母一定要注意方式方法，不要简单粗暴地对待孩子成绩的变动。父母要多鼓励、引导孩子，可以给孩子量身定制学习目标，帮助孩子逐步适应新的学习生活。其实每个孩子都想取得好成绩，所以关键是帮助孩子建立起学习的信心，找到学习的方法，体会学习的乐趣，这比教会孩子几道数学题要重要得多。

有些父母反映自己常盯着孩子做作业，有的甚至一直陪到九点或十点钟，恨不得替他们一做了事，可孩子的学习成绩就是不佳。对此，想奉劝这些父母一句：问题就出在你们身上，为了让孩子真正能学好，请别做“帮工”和“监工”。

“监工”通常是这样的：孩子在书桌边做着作业，而父母坐在一旁虎视眈眈地监视孩子的一举一动，孩子稍一分心，动辄打骂。

“帮工”通常在这时出现：碰到孩子有些题目反复出错，“帮工”不耐烦了，不去细细帮助分析，耐心指导，而是抢过本子，边骂孩子笨，边代做，于是写作业的主角便从孩子转换成父母了。

无论是“监工”还是“帮工”，对孩子的学习都是没有好处的。试想孩子在做功课时既要研究题目，又要时刻担心旁边父母的训斥打骂，在这种相对紧张惶恐的心理支配下，孩子又怎么能全身心地投入到学习中去呢？作业做不出反正有父母代做，孩子求知的欲望、学习的主动性和进取精神又怎能从小培养！如此做“工”，父母实在是既吃力又不讨好，不仅耽误自己休息的时间，而且会让孩子什么也学不到。

在孩子做作业时，父母不应该是一个喋喋不休的“监工”，也不应是一个越俎代庖的“帮工”，而应在他专心致志时感觉不到你的存在，而在他碰到疑问时，你是他信任的朋友和亲切的老师！

孩子的自信心和决断力不是生来就具备的，要想让孩子具备这种能力，父母应早点给孩子锻炼的机会，让孩子多经历一些事情。作为父母，就应该丢掉成年人的主观意识，站在孩子的角度来理解他们的世界，并给予适当的引导，使他们通过自己的经验学到知识。

如果父母站在成人的立场，用成人的思维方式替孩子分析问题指明方向，告诉他们如何去做，不给孩子任何锻炼的机会，那么父母只是一个“监工”罢了。这样的教育是很难让孩子接受的，也会让孩子受到极大的伤害。

有这样一位父亲，从孩子出生后，就坚持“陪着”孩子做任何事情。

当孩子与伙伴们玩耍的时候，他就看着孩子怎么玩；当孩子学习的时候，他也把电视关掉，坐在孩子旁边看着孩子学习；当孩子需要休息的时候，他就给孩子规定时间，不让孩子超过休息的时间。在这位父亲的努力下，孩子在班里的成绩名列前茅，成为父亲的骄傲。

但是，当孩子要参加一个重要考试之际，这孩子却失踪了！后来被找到的孩子这样回答：“爸爸对我的爱太沉重了，我感觉自己总是被他监视着，一不小心就会做得不好，我很恐惧自己考不了好成绩。”

可见，这位父亲在不知不觉中扮演了孩子的“监工”。他总是监督孩子的各种行为，怕孩子做出一些不正常的行为。而这种监视却让孩子的心理承受了巨大的压力，对孩子来说并不是他所需要的。

明智的父母只是在孩子需要的时候陪伴孩子，在孩子做自己的事情时，给予孩子充分的自由，让孩子自己安排他自己的时间。

成长实用智慧

每个人都有自己的空间，相处起来才会比较融洽。如果父母管得太严厉，只能使孩子产生逆反心理，出现比较严重的对抗行为。出现这样的结果是每个做父母的都不愿看到的，因此应当及早采取措施。

第十九件事
给孩子真诚的帮助

成功的教育源于对孩子的真正了解。我们需要做的是了解孩子的性格特点、思维方式，以及他在成长的各个特殊时期的心理需求，给他需要的，协助孩子自我成长。

一、先了解清楚孩子的性情

你不应该说：学习是第一位的，什么时候都不能放松！

你应这样说：要努力学习，但是也要注意身体。

你不应该说：题目再难，只要多花时间，就一定能解出来的。

你应这样说：用功学习是好事，不过要量力而行，别让自己太累。

学习、玩、健康，对孩子来说都一样重要。有个朋友，谈到他的父亲，总是感叹父亲对自己的影响之大。其实说起来也不过是一件平常的小事。

他父亲平时工作繁忙，根本没时间管他。有一次父亲偶尔闲下来了，跟他谈话，末了说了这么一句话："我都没怎么管你，一来我忙，二来我看你也很努力，功课不错。不过呢，也要注意劳逸结合，别搞垮了身体。"

这个朋友当时玩得特别疯，父亲这一句话，让他心里觉得愧疚不已，但是又让他感受到了一种绝对的信任。他在心里暗暗告诉自己：一定不能辜负父亲的信任和关心，事实上，他后来也的确做到了这一点。

一句话感动一个人，影响一个人，改变一个人，并不是天方夜谭。很多孩子的人生，也许就因为父母的一句话而发生意想不到的改变。

学习的问题，一直是父母和孩子的心头结。父母眼里只有成绩，孩子老是担心成绩差被父母骂。父母要孩子把学习放在第一位，而孩子除了学习，还要玩乐。

每个大人都是从孩童时代过来的，应该能够理解孩子好玩的天性。对于孩子来说，玩乐和健康跟学习是一样重要的。有健康的身体，有玩乐的轻松，才有精力把学习搞好。健康是资本，玩乐是放松。家长必须明白这一点，不要随便地就呵斥孩子“你给我学习去”。

二、让孩子在鼓励中感受到关怀

既然家长是要鼓励孩子学习，那么肯定是不希望孩子讨厌学习。但是想一想，孩子如果每天回家都听到父母说：“好好学习去吧！”心里该是多么厌烦！他会觉得父母除了关心学习，根本不在乎他本人。这个时候，他对学习哪里会有好感呢？

鼓励孩子学习，首先要给予他足够的信任，认为他可以做得好，其次是要他量力而行，除了学习，还要结合自己的实际，不要太劳累，不要太强迫自己。孩子听了父母这么说，感受的不仅是鼓励，还有来自亲人的最真诚的关怀，这会让他心里觉得很温暖。同时，学习带给他的压力也因此而化解了。

当然，鼓励孩子学习，也并不是光一个理儿就行得通，还得就具体情况而定。有的孩子特别贪玩、调皮，父母就要因势利导。比如孩子玩累了，可以对他说：“歇一会儿，去做功课吧，做完了功课，可以玩得更开心了。”

有的孩子内向，或者成绩不好，每天一回家就只顾着埋头苦读，父母就必须想办法让他多跟其他的孩子一起玩，或者带他出去玩，让他减轻学习带来的心理上的负担。孩子做完了功课，你可以对他说：“现在功课做完了，你可以出去玩会儿，让大脑休息一下，这样明天才有精神学习新的功课呀。”或者说：“学习是很重要，但是不用这么拼命，咱们不急，一点点来。该玩儿玩儿，该学学。要把学习变成一件快乐的事。”

成长实用智慧

每一位父母应根据孩子的实际情况，经过认真对比分析后，再做出对孩子的评价，否则可能会一句话，伤害了孩子的自尊心、自信心！

第二十件事
掌握教育的艺术

男孩是独立的个体，家长不能把孩子作为自己的附属品，应当尊重他们的人格和需要，过于专制、过分限制，只会使孩子产生反感情绪和感到压抑。家教需要艺术，只有我们用心去了解孩子，理解孩子，教会孩子正确的学习方法，把家庭、课堂变成艺术的殿堂，我们的孩子才能愉快地学习，健康地成长。

一、巧妙应用“黄金时间”

每天离开幼儿园回家的时候，是孩子思维最活跃、最兴奋的阶段，他期待着与家人分享一天的生活感受，期待着爸爸妈妈对自己的认可、鼓励与支持。利用好这一“黄金时间”，就会培养亲密的家庭关系，使孩子的思维更加活跃，让孩子产生积极的情感态度，从而对新的生活和学习充满向往。

据报道，中国父母接到孩子的第一句话通常是：“今天在幼儿园吃什么了？”“你今天学什么了？”“有人欺负你吗？”我们中国的父母一般比较关注孩子的生活情况和学习情况，认为孩子只要吃饱穿暖、在幼儿园没有受欺负就行。家长的关心本来无可厚非，但是可能会让孩子自己对生活和学习过程有更多的关注，而忽视了情绪情感的培养与变化。外国的父母问孩子的第一句话通常是：“你今天快乐吗？”“今天有什么有趣的事吗？”“你有什么新作品了吗？”“今天和大家玩得高兴吗？”外国的父母把注意力更多地放在孩子的情绪情感、兴趣、能力以及孩子自身成功感的建立和与伙伴的交往上。

不同的问话体现了不同的教育理念和方法。我们建议“中西合璧”，巧用“黄金时间”，走进孩子的心里，培养孩子健全的人格和健康的心态。

（1）帮助孩子培养积极乐观的人生态度。国外家长看重轻松愉快的气氛，平等的“朋友式”关系，让孩子从小在积极向上的环境中成长，让孩子从小与家人一起学会“分享快乐、分担痛苦”，有利于帮助孩子形成正确的人生态度。我们也应由“保姆式”家长转变为“朋友式”家长。

（2）让孩子有个轻松的心理环境。无论家长一天的工作多么辛苦，也不管你今天多么不愉快，从接到孩子的那一刻起，就应该让孩子在第一时间见到你的快乐笑脸。“终于盼到接你的时间了！”孩子永远在大人的脸上寻找自己在父母心中的位置，你的“脸色”会直接影响孩子离园后的情绪。给孩子一个漂亮的开场，让孩子有良好的倾诉欲望和表达意愿。

二、倾听·解答·引导·找答案

小华：披萨是什么意思？

父亲：披萨是一个意大利的词汇，是一种把料放在面饼上面的馅饼。

小华：商场是什么意思？

父亲：是商店的另一种叫法。

小华：邮局是什么意思？

父亲（有点生气了）：你知道那个词的意思，那是人们收发信件、邮寄东西的地方。

小华：白天是怎么变成夜晚的？

父亲（已经很生气了）：好家伙，你已经问了多少问题了！你知道，当太阳下山后，就没有光线了，这样天就变黑了。

小华：为什么月亮会跟着汽车一起走？

（爸爸已经完全不耐烦了，他扭过身去。幸亏妈妈及时地介入了与儿子的问答。）

妈妈：多有意思的问题啊！你知道吗，这个问题让科学家伤脑筋了几百年，然后他们决定要研究月亮的运动。

小华：他们怎么研究月亮啊？

妈妈：他们要做许多事情，其中最主要的就是去图书馆，去查找许多图书，从中查找问题的答案和线索。

小华（激动地）：噢！那我也要做一个科学家。我要去图书馆，看很多的书，书会告诉我关于月亮的所有的事情。

妈妈：我非常喜欢你这样爱动脑筋、热爱学习的孩子。

……

小华不再追问不休了。这位妈妈非常有智慧，她意识到如果不停地直接回答孩子的问题只会鼓励孩子不停地问更多的问题，而这样无法从根本上解决——既满足孩子的好奇心，又不会令父母们无暇处理其他事务。她没有像丈夫那样停留在一问一答的模式上，而是用不再给孩子直接的回答的方法引导了孩子。通过启发诱导，她帮助孩子找到了孩子可通过自己的力量去满足探索外部世界的好奇心，并培养了孩子“看书——学习——求知”的动机。

父母要认识到孩子对周围的事物萌发出各种各样的疑问是很自然的事情，也是孩子成长的必然。孩子好问是一种好现象，是好奇心和求知欲望强烈的表现，表明孩子在开动脑筋。父母不仅要赞赏，还必须积极解答、释疑，并且培养孩子不断探索、主动学习的习惯。

要想正确答复，一定要先认真倾听孩子的提问，无论什么问题都要耐心地听完，如果孩子不能清楚地表达自己的问题时，则要帮助他把问题说清楚，加以思考后耐心地予以答复。父母的正确引导，将会促进孩子智力和语言的发展，使孩子形成一种良好的学习模式。

对孩子所提出的问题要耐心、诚恳、简洁、明了地解答，决不要随便敷衍。孩子的发问多半是想马上知道答案，作为家长最好能满足孩子的这种愿望。如果一时忙，不能及时作答，应对孩子讲明：“现在我很忙，你稍等一会儿。”

若家长一时间答不出孩子所提出的问题，则应诚恳地跟孩子说明，“让我想一想”或“我得查查书后，才能告诉你”。若孩子所提的问题，父母也难以说明白，则应耐心地说明：“你现在还小，等你长大了，我们一起来寻找答案……”这样就留下了探讨的余地，并且可以增强孩子求学的乐趣。

父母在答复孩子的问题时绝对不要轻率地说“不知道”“忘记了”等，否则当孩子回答问题时，也会不假思索地回答“不知道”“忘记了”。父母更不可不懂装懂胡乱编造或说假话欺骗孩子。

在告诉孩子某个物品的名称时，在解答孩子的问题时，父母要很小心，告诉孩子时不要弄得像上课一般，不要把它当作孩子必须记住的东西，更不必如此这般地测试孩子——“这是什么？那是什么？”这样的测试毫无必要，这样做只会把孩子置于一个压力极大的境地——若是他说错了，他就会感到自己犯了很大的错误，这很糟糕！我们常常见到许多非常好心、特别和蔼的父母对自己的小孩子这么做。他们并无恶意，只是想帮助小孩子学习更多的知识。在学校里，每当老师发问时，很多孩子马上就显现出某种紧张、畏惧的表情，随后开始陈旧的、糟糕的套路——虚张声势、猜测、玩闹、渴望得到暗示。即使在极少数情况下，有个别孩子对提问没有如此的高度不安的防御式的反应，但太多的提问仍然会让孩子觉得：学习并非是要弄清楚事物的规律与状况，而只是要搞到一个答案。只要有了一个答案，就万事大吉！把孩子原本充满好奇和欢乐的求知和学习，演变成了一场又一场压力极大、很容易挫败孩子自尊的考试了！

此外，还有一点是许多父母在亲子教育中不曾意识到的重要方针——“示弱”。来看一位母亲的叙述：我儿子从小到大，一直都保持着强烈的好学、好问的好习惯。“示弱”就是把自己放在“无知”“求知者”的位置上，让孩子来给父母“讲解”！请仔细地想象一下：究竟是你从他人的讲解中获得知识的乐趣大呢，还是你为他人讲清、解答了某些问题获得的乐趣大？当然是后者！

父母向孩子“求教”时，无疑会更强烈地激发起孩子的求知欲望、成就感和自尊心。父母中的一人可以“明知故问”扮演“求知者”，另一位则主要承担为孩子解惑答疑的任务。父母也可以交替担任“专家”与“求知者”，如此一来，可以改变小孩子在求知好问的过程中，总是处于“弱势”的局面，有效地增强孩子的求知动力，同时又能够很好地提升孩子的自尊和表达水平，一举多得。

成长实用智慧

教育原本就是一种艺术，需要有水滴石穿的耐性，需要留足等待的空间和时间，需要有舒缓的节奏，需要潜移默化的生命成长历程，需要有“静悄悄的革命”。

第五章

孩子学会控制情绪

男孩子一般都比较急躁，缺乏耐心，不安分，脾气大，急于求成。在学习和生活中，他们轻浮急躁，行动盲目；心神不定，做事难以专心；没有耐性，缺乏恒心和毅力；急于求成，见异思迁；急功近利，整天幻想天上掉馅饼；没有脚踏实地的艰苦奋斗精神，却充满着侥幸成功的奢望……如有的男孩看到歌星挣大钱，就想当歌星；看到企业家、老板神气，又想当企业家、老板，但就是不愿意为了实现自己的理想而努力学习。还有的男孩兴趣爱好转换极快，做什么事都是三分钟热度，三天打鱼两天晒网，忽冷忽热，这样下去终将一事无成。

第二十一件事
处理干扰学习的情绪

男孩有了情绪怎么办？家长首先要做的就是去接纳，对孩子的所有情绪都要接纳，不管它是着急、生气，还是沮丧。因为情绪直接影响孩子的行为，心情好时，他们的行为也会得体。当孩子的情绪遭到拒绝或否定（得不到认可）时会很容易丧失信心，相反如果消极情绪得到认可和接纳，孩子感觉受到鼓舞，会继续努力。

消除男孩的焦虑情绪

情绪的好坏对学习的影响是很大的。积极的情绪有助于学习，而消极的情绪会降低学习效果。所以采取一些适当的方法调节自己的情绪也是孩子要学习的，要力图降低学习中的消极情绪，提高学习中的积极情绪。

的确，学习是很艰苦的。错误和失败的威胁是学习过程中的噩梦，它们形影不离地伴随着学习过程。因此，厌倦、焦虑、压抑可能时时袭击孩子脆弱的心灵。即使是少数“尖子生”，班上的“佼佼者”，也会不时体验到某种程度的厌倦和焦虑。恰当处理好学习中的困难和挫折，防止消极情绪的产生，是保持身心健康和提高学习效率的一个重要问题。

1. 焦虑不一定是坏事

过度的焦虑是一种消极的情绪，它严重影响着孩子的学习，但是，适当的焦虑却可以成为学习的推动力，有助于提高学习成绩。研究发现：在小学阶段，焦虑会妨碍学习；到了中学阶段，焦虑会成为学习的推动力，其推动作用超过它的阻碍作用；到了大学阶段，几乎焦虑水平越高，学习成绩就越好。

研究证明过度的焦虑表现为紧张、慌乱、胆怯、行为失常、思维混乱或僵滞，时常处于惴惴不安的心境之中。过度焦虑还会妨碍睡眠，影响食欲，妨碍健康。长时间的过度焦虑易产生一种“神经过敏性焦虑”，表现为对外界刺激特别敏感，很烦躁，易发怒，对愉快的事件也容易反应过度，狂欢狂喜，心境变化大，喜怒无常，难以预测。

过低和过高的焦虑都是不适应的表现，中等程度的焦虑才是有益的。中等程度的正常焦虑者，有轻度紧迫感和忧虑感，注意力非常集中，思想紧张迅速，行为镇定理智。美国著名教育心理学家林格伦说：“如果学生要进行学习，某种最低程度的焦虑是必需的。有效的学习中必然存在着焦虑，这种焦虑不仅无法避免，也不要避免。最好的对待它的办法是承认它，但要让它在自己的控制范围以内，不要让焦虑控制了你。”

2. 焦虑可以调节

有一个十分懂事的孩子，学习优秀，在班上名列前茅。有一段时间突然变得沉默寡言，成绩下降，家长问他，他什么也不说。家长多问几句，他就哭了。经过心理学家的帮助，才发现他对学习过于焦虑。家长曾对他说：“你们学校不是重点中学，只有考试在班上每次都考第一名，才能有把握考取大学。”的确，孩子很争气，每次考试总是第一。但后来由于种种偶然原因，孩子有一两次考得不理想，退到班上十名之后，因此背上思想包袱，结果出现了上述心理症状。经过心理学家的指导和帮助，他降低了焦虑水平，对自己说：“只要自己用功了，成绩保持优秀就行了。”孩子在有的时候产生焦虑是很正常的，但是作为父母，有必要对他们进行引导，告诉他们一些可行的调试方法。我们要采取一些措施，让他们把自己的焦虑程度调节到一个适当的水平上：保持中等程度的焦虑。

（1）判断焦虑程度是否适当

当人在某件事上面临着失败，而恰巧这件事又是这个人心目中很重要的事时，这个人就会产生焦虑。例如，孩子面临考试时，就更容易产生焦虑。这种由特定挫折情境引起的焦虑，只要不过分强烈，就属于正常焦虑。如果这种焦虑引起过分紧张，引起失眠、心慌、厌倦、厌食、虚脱等，那就是焦虑程度过高，有必要采取措施让自己放松一下。

（2）任何时候不要灰心和绝望

面对学习失败的经历，许多人消极地归因为自己“生来笨”“不是学习的料子”，这就是“习惯性绝望感”。

有人用狗做了一个有趣的实验，最初把狗关在笼子里，只要蜂音器一响，就给以片刻的电击。狗被关在笼子里，逃避不了这种电击。多次实验之后，蜂音器一响，在给以电击前先把笼门打开，此时，狗会不会迅速逃出笼门呢？它不但不逃，而且不等电击出现就先倒地开始呻吟和颤抖。本来可以主动地逃避却被动地等待痛苦的来临，为什么？这就叫“习惯性绝望感”，先前的挫折导致后来不再做任何努力。

这种“习惯性绝望感”在学习生活中也随时可见，主要原因是对失败的不正确归因。我们要教导孩子学会把挫折和失败归因为可控的、不稳定的原因（特别是内因）。

我们要让孩子认识到失败的意义，提高对挫折的忍耐力，世上没有常胜将军！学习中每做错一道题，就算是一次失败。在考试中没有达到自己预期的水平，也算是一次失败。失败时时出现，不仅是必然的，而且是必要的。试想，如果孩子们每天只做“2+5=？”“7-2=？”之类的一位数加减法计算题，他们就总不会失败。但他们也就永远没有进步，永远没有成功！没有失败，就没有成功！不面对富有挑战性的任务，就不会有进步！失败是有价值的，并且这价值是重大的，失败意味着他们未掌握某些知识技能，失败指明了他们努力的方向。所以应把失败看成是一种推动力，提高自己对失败和挫折的忍耐力。

再从掌握知识的角度看，失败还有助于孩子从正反两方面掌握知识，不仅知道“是什么”，而且知道“不是什么”。只有这样从正反两方面掌握知识才是健全的、准确的、清晰的知识，你可以告诉他们：不要害怕失败，认识到失败的必然与价值，我们就应该在哪里跌倒了，就立即从哪里站起来。那么孩子的焦虑水平就会明显降低。

（3）进行纵向比较，树立自信心

俗话说，“人比人，气死人”。和周围的同学进行横向比较，提高竞争意识，有助于提高学习动机。但横向比较有明显的副作用，学习暂时落后的孩子会越比越没信心，同样，班上的个别尖子生也会因为总能考前几名而失去斗志。所以，有时候更要注重他们纵向比较的结果。纵向比较，就是用他们的现在和他们的过去相比，付出了努力，得到了回报，哪怕这回报是很小的，哪怕这进步是小步的，都应该感到自豪。要让他们看到自己的成长，永远不要“痛恨”自己，而要接纳自己；永远不要轻视自己，而要尊重自己；永远不要自暴自弃，而要自强不息。如果他们真的能正视自己的短处，不是一味地排斥它，那么他们的焦虑程度就会降低。

成长实用智慧

良好的情绪有助于男孩积极学习态度的形成。当男孩处于一种积极的情绪状态时，就会愿意学习，善于学习，对学习产生浓厚的兴趣。积极情绪同样也提高了孩子的应对水平，促进社会适应，有助于孩子学习更进一步。

第二十二件事
消除男孩的厌学情绪

男孩不爱学习，提起学习就头疼，严重的甚至逃学，这是家长经常碰到的一个头疼问题。碰到这种情况，不少家长一味指责甚至打骂孩子的做法是不正确的。家长应该首先弄清楚孩子不肯学习或上学的原因，然后再根据不同情况施加不同的对策。

一、搞清楚孩子厌学的原因

有一位母亲很痛苦地说：她的孩子什么都好，聪明、活泼、人见人爱，可就是不喜欢上学校。后来，经过反复观察，才知道这孩子不喜欢去学校的原因，不是因为他不喜欢读书，而是觉得学校没有家里自由。

听起来，这个理由的确让人有些发笑。学校是有纪律的，怎么可以没有一点儿约束呢？但从中我们看出，孩子不爱上学的情况非常普遍，其原因也是十分多样的。首先，让我们看看刚上幼儿园或刚上小学的孩子，会碰到什么困难足以令他们不愿上学。

1. 上幼儿园的孩子

新环境往往会令孩子产生不安，刚上幼儿园的孩子要适应的问题也实在太多了。

（1）没有群体生活纪律的概念。孩子一向在家中过的是家庭生活，生活圈子较窄，接触的不外乎兄弟姐妹、父母和亲友。所以一旦入园，要他们面对这么多小朋友，究竟要如何和小朋友交往呢？对他们来说，是非常陌生的事。

（2）生活方式的改变。孩子在家中要遵守的只是一些简单的家庭规则，而且由于家庭成员少，实施起来并不见得太繁复。但幼儿园内的规则却来得复杂，上洗手间要举手，吃茶点要待全班小朋友都准备好，才可以一起“开动”，一下子要习惯是有困难的。

（3）幼儿园环境陌生。学校的设计、大小都与家中大不相同。一个教室有那么多的桌椅……对孩子来说，这是一个很奇怪的地方。

2. 上小学的孩子

对于一个刚上小学的孩子，别以为他经过幼儿园阶段，就没有适应上的困难。其实，由幼儿园转到小学就是另一个新环境，仍然需要去面对。

（1）幼儿园的规矩和小学并不一样，在上课的形式方面，幼儿园又比小学活动性强。上了小学，孩子开始要学会安安静静地坐在书桌旁边读书，要应付更深的功课。

（2）孩子离开了幼儿园的小朋友和老师，会怀念他们，而对新学校的老师和同学会产生不满或抗拒感。

这里要说的是，我们的家长常常犯一个错误，就是借用学校、老师之名威吓小孩：“你再撒野，把你送到老师那里去！”给孩子留下一个“老师是惩罚孩子的”观念。于是孩子就会带着战战兢兢的心情上学，甚至拒绝上学。

要解决以上纯粹因适应新环境问题而产生的拒绝上学的情况，父母最好在开学以前就让孩子做好心理准备，迎接新生活的开始。开学前，多让孩子知道一些有关学校的情况。在日常生活中灌输他一些资料，如“学校内有很多老师，会教你很多知识”“学校内会有很多小朋友和你一起玩的”等，让孩子先有一个概念。平日经过学校时，让孩子驻足观看，观察小朋友们在校内快乐的玩耍情况。切勿以老师来恐吓孩子，相反，要告诉孩子学校是一个令人开心的地方，老师会帮助孩子解决问题。

当孩子上学后，多和老师联络，了解孩子在校内的问题，做出配合。

孩子厌恶读书，主要是觉得“读书是痛苦的”。为什么读书被孩子视为痛苦？其主要原因在于父母把读书和考试搭上必然的关系，每天不停地催促孩子读书做功课，目的就是为了在考试时取得高分。读书为了考试，考试为了满足父母，孩子根本找不到读书的真义和乐趣。加上父母的压力越大，孩子的反抗和厌恶越深。反过来说，如果父母每天强迫孩子游戏8小时而不予停止，不消几天，孩子一样视游戏为苦事。所以，要孩子不排斥书本，就要自小培养其阅读兴趣，把读书视为一件轻松愉快的事。

二、让孩子不再厌学

有些孩子在学校学习、生活中，逐渐对学校生活产生了厌倦情绪，出现厌学和逃学现象。有的孩子借故去晚了或者根本不去学校，有的孩子寻找其他理由逃避上学。孩子由于厌学往往会结伴在校外消磨时光，或寻找乐趣自娱，极易形成不良团体、接受不良思想的影响，导致学习成绩和道德水准下降，甚至出现可怕的后果。

家长要及时发现孩子厌烦学校生活的苗头，尽快查找原因，以便及时有效地加以纠正，消除孩子厌学的消极情绪。

1.对孩子以表扬和鼓励为主，保护孩子的学习积极性

慢慢引导孩子对学习产生兴趣，孩子放学后，家长要以亲切的态度对待孩子，让孩子尽情回忆学校里的生活，同孩子分享学习生活的乐趣，使孩子形成“学习是愉快而有趣的”这样一种认识。

抽出时间同孩子一起复习或完成作业，帮助孩子搞清哪些知识已经掌握，哪些还未弄懂，对已经懂的，要表扬、鼓励他们取得的成绩；对不懂的，要耐心辅导，不要训斥孩子，那样会使孩子感到委屈和伤心，从而挫伤孩子的学习积极性。

每个孩子都有自己喜欢的学习时间和学习方法，所以不要同别的孩

子比较而责备自己的孩子，要具体指出孩子的优点，提出一些建议，使孩子得到个性承认，以增强孩子的学习信心和学习的主动性。不要过多干涉孩子的玩，孩子玩得正在兴头上，可以问一问他们准备什么时候学习，而不要简单或粗暴地打断他们。

2. 让孩子获得成功的体验

让孩子体验到“懂了”“能做”的喜悦和快乐，是增强孩子学习兴趣的有效办法，家长要引导孩子扎扎实实地去学习和思考，鼓励他们凭自己的能力去解决问题，使他们体会到自己获取知识后的乐趣。

当孩子对过去的知识发生遗忘时，不应责备孩子：“这么简单的东西都不会！”“不是刚学过吗！”；当孩子弄懂了某些问题之后，家长要同孩子一样表示高兴，不要说：“会这么一点儿东西，没什么了不起。”发现孩子学习吃力，家长应对孩子进行引导和帮助，鼓励他们树立解决困难的决心和信心，想法让他们体会到解决困难后精神上的快乐，以使孩子受到鼓舞，增强学习的责任感和义务感，进而产生学习乐趣。

3. 扬长避短，提高孩子的信心

家长拿到孩子的成绩单，往往会先注意孩子成绩差的科目和内容，有的家长还常常会说：“这一科成绩差，以后要多用功。”“看来你的这门课真是不行，要是不努力，就完了。”家长这样说是极不科学的，这样会使孩子丧失学习信心和乐趣，失去学习的积极性。

家长对待孩子学习好的科目或内容应做充分肯定，使孩子感到自己的优势。另外，巩固孩子的优势科目，同孩子一起学习、讨论，很自然地会增强孩子的学习信心，进而带动成绩差的科目和内容的学习。急于弥补孩子的不足，只能是“欲速则不达”，远不如扬其所长，增强信心。这样在不知不觉之间就会带动薄弱环节，从而逐渐地发展下去。

家长还应在假日多带孩子外出走走，尽多地观察、接触各方面的事物，以增加孩子的感性知识，鼓励孩子多读些有益的课外读物，借以丰富孩子的想象力，当孩子取得了哪怕是一点小小进步，也要及时表扬和鼓励，久而久之，孩子的思维就会活跃起来，学习兴趣也会大大增强。

成长实用智慧

对学习活动表现出来的无趣、冷淡、怠慢、厌倦等消极情绪和行为方式，都是孩子出现的厌学情绪。不少数据调查都发现，厌学的孩子所占比例较大，成为当代学生的主要情绪问题。所以，社会、学校和家庭都要为孩子营造一个健康和谐的环境，促进孩子身心的正常发展，使孩子轻松、愉快地投入学习。

第二十三件事
让孩子激励自我

由于缺乏内在激励机制，大多数孩子的学习主动性会变弱。自然，为人父母者不能替代孩子读书，唯一能做的就是教导他们把学习和良好的情感体验连接起来，学会从内心寻找激励自我的动机。

一、用目标激发孩子去学习

黄彦立志要做一名出色的外交官，并且一直坚持自学英语。一天，黄彦遇到一个外国小朋友，妈妈鼓励他与那位小朋友对话，可刚说了没有一分钟，黄彦就听不懂那位小朋友在说什么了。于是，他哭着对妈妈说：“妈妈，我不学英语了，太难了。”这时，妈妈给他讲了这样一则故事：

很久以前，天鹅和乌鸦是邻居，它们都过着舒适、闲散的日子。后来，天鹅听说外面的世界很精彩，就打算走出去看一看。于是，它开始学习游泳和飞翔。乌鸦知道后，就对天鹅说：“你这是何苦呢？学习游泳和飞翔，一不小心就会淹死或摔死的，现在我们的日子不是挺好的吗，干吗要去经受那些磨炼？”天鹅没有受乌鸦的影响，坚持每天练习游泳和飞翔，最后终于掌握了技能，并到外面去周游世界，增长了不少的见识，而乌鸦却因为缺乏远大志向而无所作为。

讲完故事，妈妈对黄彦说：“妈妈知道你有远大志向，但是，只有志向而不付出辛苦是不是也会像乌鸦一样，最终一事无成呢？”

黄彦含着泪点了点头。

妈妈接着说：“咱们楼下的小雨，每天坚持学英语。如果你不好好学，那是不是小雨就能做成外交官，你就做不成了呀？”

黄彦懂事地对妈妈说："妈妈，我不会让小雨超过我的，我才是出色的外交官。"

当孩子不愿学习或打算放弃学习时，不妨用目标去激励孩子。这就需要了解孩子的理想，或者为孩子树立一个正确的理想。在目标的引领下，孩子会觉得付出点辛苦是值得的。

另外，还可以为孩子找一个学习上的竞争对象，如与他的同桌比成绩、与跟他成绩差不多的同学比进步、与学习比他好的同学比创新能力等。但要特别注意，只有良性的竞争才会出现令人满意的结果，要教孩子与同学比正确的事情，用正确的方法去比较。

二、将"游戏"导入孩子的学习

任何孩子都会对游戏充满兴趣，因为他们觉得游戏好玩。同样的道理，如果学习变成"好玩"的事情，孩子们也会像热衷于打游戏一样，每天主动拿出固定的时间来学习。

一个已经上了学的孩子特别不爱学习，然而，在他聪明妈妈的引导下，他成了班上的"突飞猛进者"。让我们一起来听听这位妈妈的原话：

我家孩子的语文成绩很差，但他就是不爱学语文。对此，我哄过他、骂过他，还打过他，可他就是不爱学。有一天，我看报纸时，指着一处错误说："这么简单的问题都会犯错误。"

儿子立刻跑过来，很感兴趣地问道："妈妈，哪儿呢？我看看。"

这时，我意识到，让孩子主动学习的机会到了，于是我就告诉他："这篇报道里有两处错误，相信凭我聪明儿子的水平一定能找出来。"

就这样，儿子读完了那篇文章，并指出了那两处错误。

后来，我就经常拿着给儿子买的课外读物对他说："儿子，你读读这本书，看看它的水平怎么样，有错别字吗？"诸如此类的事情，渐渐成为了我和孩子间经常做的一种游戏。每当此时，儿子都会很乐意地去读书。

由于孩子的阅读量增加了，语文成绩自然也就提高了。不仅如此，由于孩子学习的兴趣被调动起来了，该学习的时候他从来不用我和他爸去催促了。

让孩子爱上学习并不是很困难的事，关键要看家长怎样去引导。爱玩是每个孩子的天性，家长可以巧妙地利用这一点，将“游戏”导入孩子的学习，去激发孩子学习的兴趣。

成长实用智慧

孩子终有一天要长大离开，所以做父母的都愿意在他小时候能快乐有意义地伴他成长。父母的爱也有积极的爱和被动的爱两种，积极的爱的方式有很多，细心呵护，陪他游戏，讲故事，听音乐，边玩边认字，都是很不错的。

第二十四件事
丢掉抱怨的习惯

在多样的社会环境中，自然抱怨就很多，包括孩子们。他们有时忍无可忍，甚至会有一些很不客观的激烈言辞。比如自己家庭条件太差、自己有生理缺陷等。表面上他们是有特指的，可深层意义却是防御系统在做自我保护、自我疏导，所以适度抱怨其实是有利于身心健康的。然而如果抱怨是经常性的、长时间的，就必须引起重视，因为它已经成了一种挑剔和苛求，也就是个体在找理由退缩，属于消极行为。父母应当教会孩子在比较恰当的时间里，用相对正确的方式处理和化解自己的不良情绪。

一、让孩子不再抱怨家长

“英雄不怕出身低”，这是很多成功人士的共同经历。面对命运赐予的逆境，不去抱怨，智者总是选择忍耐和搏击。

我们都知道那部风靡全球的《穷爸爸，富爸爸》，并且还十分清楚那绝不是一部仅仅谈论父亲的书，更多的是人生智慧。想一想我们的孩子当中有很多总在抱怨自己的爸爸、妈妈甚至家庭，但愿人数不会超过那本畅销书的读者。

有这样一个故事：

他是一个冷酷无情的人，嗜酒如命而且毒瘾很深。有一次，因为在酒吧里看一个侍者不顺眼而犯下杀人罪，被判终身监禁。他有两个儿子，年龄相差才一岁。其中一个同样毒瘾甚重，靠偷窃和勒索为生，后来也因为杀人而坐牢；另外一个儿子却既不喝酒也不吸毒，不仅有美满的婚姻，养了3个可爱的孩子，还担任一家大企业的分公司经理。在一次私下的访谈中，有人询问这两个儿子造成他们现状的原因，两人的答案竟然相同："有这样的老子，我还能有什么办法！"怎样，是否有"一语惊醒梦中人"的味道呢？

同样的道理在两个70岁的老太太那里也向我们表达得很清楚。一个认为到了这个年纪人生就到了尽头，于是便开始料理后事；另一个却认为一个人能做什么事情并不在于年龄的大小，而在于怎么个想法。于是，后者在70岁高龄之际开始学登山，随后的25年里一直冒险攀登高山，甚至在她95岁高龄时，还攀登了日本的富士山，打破了攀登这座山的最高年龄纪录。她就是著名的胡达·克鲁斯老太太。

两则小故事都是那样的平常与平凡。因为每个人都会衰老，都有可能遇到困顿、不良的家庭或者是在生活中迫使我们承受的不幸与恶境，但是人类的伟大正是因为聪明的你可能自己老早就明白，影响我们人生的绝对不是环境那么简单，当然也不是遭遇，那就是我们持有怎样的信念。

生活中很少有什么都不抱怨的人。几天来阴雨连绵，我们在屋子里坐得发闷，一个个心情烦躁。"天呐，"有人气急败坏地对着刚播报完天气预报的收音机说，"这烦人的天气预报总该给点阳光了吧！"呵呵，我们都知道不管那个"烦人的天气预报"有多么委屈，这也是不可遏止的"殃及池鱼"。想一想，值得我们抱怨的事情真是太多了。不抱怨一下，胸中的怨气总是堵在那里，所以好像抱怨就是一种很好的心理疗治。可是我们也知道，抱怨对于事情本身所起到的作用是那样微乎其微。

你的孩子说：不抱怨我又能做什么呢？我的爸妈都是那样平常（其实他的舌头下面压着的很可能是"平庸"两个字），他们的工资加起来还不如同学爸爸请客的一顿饭钱多呢！没有手提电脑，没有名牌的衣服、鞋子和背包，每天耳目所及尽是“伤心触目”，上课的时候心神不宁。

“是的，我没法平静，同学又在炫耀他的新手机，而且最近他总是把校服的链子拉得很低，故意露出铂金项链的精致的坠子。要是老天爷知道我有多伤心就好了，那他就最好派个仙女来送我想要的一切，就像从前灰姑娘的经历一样。我在学习的时候忍受的压力是很大的，因为我不能专心，我的自尊心在出手阔绰的同学面前总是备受打击。我不愿意向同学提起我的父母，他们都是那样笨手笨脚，我没有那么多零花钱，我没有能干的父母，我没有能让我引以为荣的家长……”所以，对父母的抱怨现在看来就是理所应当的。“难道他们不应该承受这种抱怨吗？出生在这样的家庭……”

这说明你的孩子还没有自己的信念。首先，一个有信念的孩子不会把心思花在无意义的比较上面，因为明智的人都不强求和奢求。有一位著名的僧人在意大利传教，他的弟子很小心地问他应该在释迦牟尼面前供养些什么，因为那里没有通常用来作供养的莲花。僧人微笑而又不失风趣地说：“那么就香水好了。”因为僧人明白现实条件是显而易见的，随遇而安式的豁达总会带给人内心以平静和希望。所以，要让孩子明白，学习本身遭遇的暂时性困难与父母的经济状况事实上并没有什么必然联系。当然，如果抱怨父母对你的孩子来说真的是一件“快意”的事情，那么只有祝他好运，但愿老天不要让他未来那个成绩平平却又整日牢骚满腹的宝贝抱怨父母的平庸吧，就像现在他喋喋不休地抱怨每天工作得手足胼胝的父母一样！

二、让孩子不再抱怨环境

生活不会特别地眷顾谁，也不会特别地娇宠谁。怨天尤人，向环境缴枪，是对自我生命价值的最不能宽恕的践踏。

小井是一个三年级的小学生，长着一对大眼睛，看上去非常聪明，可是前些日子却被学校勒令退学了。他的学生档案上记录了学校将其开除的原因：旷课、偷窃、扰乱课堂秩序。他还只是一个小学生，这个污点将会永远刻录在他今后的人生行程当中，甚至会影响他的一生。

那么，小井是怎么变成这么一个让人头疼的孩子的呢？其实要寻找原因并不难。小井的父母是小商贩，没有什么文化，整天忙于经营，也就自然地忽略了对孩子的管教。平时，他们评判孩子学习的唯一标准就是卷子上的分数。小井刚上小学的时候，是十分用功的，加上他的聪明，学习也还算不错。后来有一阵子，他迷上了电子游戏，学习成绩当然也就受到了影响。他的爸爸自然十分生气，但他不帮孩子寻找成绩下降的原因，却破口大骂道：“我和你妈累死累活给你挣钱，你却就考这么一点点分数回来！早就知道你不是个好材料，不然头上会长三个顶？”原来，小井他们当地有一种说法：一个顶好，两个顶坏，三个顶气得娘跳井。“顶”，指的就是头上的发旋儿。小井的头上刚好长了三个，平时，他只要一惹爸爸生气，他爸就用“三顶”哲学来骂他，说他有“坏根”，学习差是天生的。久而久之，小井当初的学习劲头就被爸爸骂没了，“反正我不会是个好孩子了，那我还努力干什么？”于是就破罐子破摔，先是旷课，到电子游戏室打游戏，后来没钱了就去偷，偷了几次被人抓住，送到学校保卫处。学校先是批评教育，但是他屡教不改，学校无奈，只好将他开除了。

读完小井的故事，你可能觉得有点荒唐。但是，生活中这样类似的例子并不少见。往往是由于一些可笑荒谬的说法，让孩子对自己渐渐失去、以至于最后完全失去了自信，开始怨天尤人，最终偏离了人生正确的航向。

美国人约翰·富勒家中有7个兄弟姐妹，他从5岁开始工作，9岁时会赶骡子。他有一位了不起的母亲，他经常和儿子谈到自己的梦想：“我们不应该这么穷，不要说贫穷是上帝的旨意。我们很穷，但不能怨天尤人，那是因为你爸爸从未有过改变贫穷的欲望，家中每一个人都胸无大志。”这些话深植富勒的心，他一心想跻身于富人之列，开始努力追求财富，12年后，富勒接手一家被拍卖的公司，并且还陆续收购了7家公司。他谈及成功的秘诀，还是用多年前母亲的话回答：“我们很穷，但不能怨天尤人，那是因为爸爸从未有过改变贫穷的欲望，家中每一个人都胸无大志。”富勒在多次受邀演讲中说：“虽然我不能成为富人的后代，但我可以成为富人的祖先。”富勒的故事告诉我们：你的欲望有多么强烈，就能爆发出多大的力量；当你有足够强烈的欲望去改变自己命运的时候，所有的困难、挫折、阻挠都会为你让路，欲望有多大，就能克服多大的困难，就能战胜多大的阻挠。所以在学习中，要有敢于争先的欲望，而不要沉湎于怨天尤人的情绪中，只看到别人的成功，而放弃自己对自己的责任。

人生如同一叶扁舟，航行于浩瀚的大海，颠簸于潮头浪尖。胆怯者望而却步，沉沦者听天由命，唯有勇敢者会奋力拼搏，最终到达胜利的彼岸，实现其生命的价值。

贝多芬从小家境贫寒，再加上他父亲的凶暴，他的童年可以说是一场灾难。17岁时，他患上了伤寒和天花，几乎致命。之后肺病、关节炎、黄热病、结膜炎等又接踵而至地折磨他。28岁，他又不幸患了耳疾，这对于一位作曲家来说无疑是失去了一切。然而，贝多芬并未向命运低头，而是发誓“要扼住生命的咽喉”，他不顾自己的疼痛，凭着自己对音乐的天赋和造诣，更凭着顽强的意志，完成了一部部伟大的作品。在与命运的搏斗中，他的生命之火燃烧得越来越旺盛。“拼搏精神会使人的生命价值更高尚”的道理就在于此。人生没有一路平坦的，总是会充满了荆棘和坎坷。你的孩子在你的帮助下可以凭借所拥有的条件和毅力去战胜它。

成长实用智慧

不抱怨是成功人生的最佳态度，不抱怨是获得幸福生活的秘密所在。让我们敞开心扉，让我们学会感恩，让我们珍惜当下的拥有，时刻把握命运的主动权，拿握幸福人生的秘密。

第二十五件事
让孩子战胜自卑心理

自卑是一种性格缺陷，而一个人的自卑性格的形成往往源于儿童时代。无疑，自卑对孩子的心理健康将产生负面影响，更对一个人的身心两方面的正常成长起消极作用。

一、孩子自卑的早期征兆

心理专家指出：当家长的须关注自己的孩子有没有自卑心理，一旦发现，应尽早帮助克服和纠正，以避免随年龄的增长最终形成自卑性格。自卑儿童往往会表现出如下早期征兆：

（1）常年情绪低落。如果孩子常常无缘无故地郁郁寡欢，那很可能就是自卑心理使然。

（2）过度害羞。害羞过度（包括从来不敢面对小朋友唱歌，从来不愿抛头露面，从来不敢接触生人等），则可能内心深处隐含有强烈的自卑情绪。

（3）拒绝交朋结友。一般来说，正常儿童都喜欢与同龄人交往，并十分看重友谊，但是具有自卑心理的孩子绝大多数对交朋结友或兴趣索然，或视为“洪水猛兽”。

（4）难以集中注意力。自卑感强的儿童在学习或做游戏时往往难以集中注意力，或只能短时间地集中注意力，这是因为“挥之不去”的自卑心理在作祟。

（5）经常疑神疑鬼。自卑儿童对家长、教师、小伙伴对自己的评论往往十分敏感，特别是对别人的批评，更是感到难以接受，甚至耿耿于怀。长此下去，他们还可能发展到“疑神疑鬼”的地步，总无中生有地怀疑他人不喜欢或者怪自己。

（6）过分追求表扬。自卑孩子尽管自感“低人一等”，但往往又会反常地比正常孩子更追求家长和教师的表扬，而且可能采用不诚实、不适当的方式，如弄虚作假、考试作弊等。

（7）贬低、妒忌他人。自卑儿童的另一不正常反应是：常常贬低、妒忌他人，如可能因为邻桌受到老师表扬而咬牙切齿甚至夜不能寐。心理学家认为，这是他们为减轻自身因自卑而产生心理压力设计的宣泄情绪的渠道，尽管这往往并不奏效。

（8）自暴自弃。自卑儿童往往会表现为自暴自弃、不求上进，认为反正自己不行，努力也是白费力气。更有甚者，还可能表现出自虐行为，如故意在大街上乱窜，深夜独自外出、生病拒绝求医服药等，似乎刻意让自己处在险境或困境之中。要是遭到家长指责，便以“反正我低人一等”做辩解。

（9）回避竞争、竞赛。虽然有的自卑儿童十分渴望在诸如考试、体育比赛或文娱竞赛中出人头地，但又无一例外地对自己的能力缺乏必要的自信心，因而断定自己绝不可能获胜。由此，绝大多数自卑儿童都是尽量回避参与任何竞赛，有的虽然在他人的鼓励下勉强报名参赛，但往往在正式参赛时又会临阵逃脱，甘当“逃兵”。

二、消除自卑的方法

父母应多给孩子讲：许多人都有着自己的缺陷，都会产生自卑感，关键要能够克服自卑感。亚里士多德、达尔文、伊索、拿破仑都有口吃病，亚历山大、莫扎特、贝多芬、拜伦都因身体佝偻、口吃、身材矮小、耳聋等而产生过自卑感，但他们并不因此而灰心，也没有因此而丧失生活的勇气。他们坚定了成就大业的信心，结果都取得了成功。当孩子了解到这些名人的故事后，慢慢就会树立自己的信心，增强进取的勇气。

要孩子克服自卑感，父母自己要有自信心，并把自信心传给孩子。父母要多教育孩子，让孩子知道任何人都有自己的优点和缺点，不管是身体方面还是其他方面，都是这样。

（1）鼓励学习，增强自信。

有位母亲第一次参加家长会。幼儿园的老师说："你的孩子有多动症，在板凳上三分钟都坐不了。"回家的路上儿子问老师说了什么，她鼻子一酸，差一点落泪。"老师表扬了你，说宝宝原来在板凳上坐不了一分钟，现在能够坐三分钟了。别的家长特别羡慕妈妈，因为全班只有宝宝进步了。"那天晚上，儿子破天荒地吃了两碗米饭。第二次家长会，老师说："全班 50 名同学，这次你儿子数学排 49 名，我怀疑他有智力问题，最好带他到医院看一下。"

回家的路上，她哭了。回到家里，看到诚惶诚恐的儿子时，她振作精神："老师对你充满信心，你并不是一个笨孩子，只要你能够细心些，会超过你的同桌。"说这些话时，她发现儿子暗淡的眼神一下子亮了。

第二天上学，儿子比平时起得都早。孩子上了初中，又一次家长会，老师告诉她："按你儿子的成绩，考重点中学有点危险。"她还是告诉儿子："班主任对你非常满意，只要你努力，很有希望考上重点中学。"

高中毕业，儿子把清华大学招生办的通知书送给了妈妈，边哭边说："妈妈，我一直都知道我不是个聪明的孩子，是您……"

这时，她再也按捺不住十几年聚集在内心的泪水。

小孩的特点是好奇、幼稚、缺乏自信。他们对每一点小小的进步都非常在乎，渴望得到大人的肯定。父母和教师要鼓励孩子学习，真诚地赞扬他们所取得的微小的成绩，使他们切实认识到，我能学好！从而增强自信心。

（2）发挥特长，促进自信。

孩子们的智力发展是不均衡的，每个人都有自己的个性特色。父母要了解孩子，激发他的优势。小田学习成绩不拔尖，但他天生一副好嗓子，朗读起课文来声情并茂，父母和家长充分发挥他的特长，让他担任学校广播站的播音员，他不仅发挥了特长，成绩也提高了很多，从而促进了自信心。

（3）多让发言，培养自信。

要重视孩子的语言发展。贫乏的语言环境妨碍学业的进步。要尊重儿童的意见和感情，创设安全的气氛，让孩子畅所欲言，要鼓励孩子在课堂上积极发言，以培养他们的自信心。要不错误地认为不声不响埋头学习就是好孩子。

（4）指导实践，提高自信。

要鼓励孩子参加各种解决问题的实践活动。无论是学科学习还是非学科学习，要指导孩子自己动脑筋解决，常使他们体验到成功的喜悦，那么，孩子的自信心就会得到提高。

成长实用智慧

高度的自信和自由奔放的创造性是密切相关的。研究表明，只有具有自由创造才能的孩子，充满自信，沉着镇静，善于独力思考，才能够聚精会神，专注于个人的学业，使学习效率不断提高。

第六章

成长离不开好父母

世界上根本就没有什么所谓的天才，良好的教育是所有孩子成功的必经之路。所以，合格的父母仅有对孩子的殷切希望是不够的，最重要的是抓住教育孩子的关键问题，掌握良好的教育方法。

第二十六件事
做个受孩子欢迎的父母

所有父母都希望给孩子最好的照顾与成长环境，都希望成为孩子心目中的理想父母，对孩子的爱是那么的纯洁和无私。在前所未有的爱意中浸泡的孩子是否感到莫大幸福、对自己的父母感觉到满意了呢？如何才能成为孩子心目中的理想父母呢？

天下的父母都是一样的望子成龙、望女成凤！但很多父母辛辛苦苦地为孩子付出，却得不到孩子的理解，甚至还总是引起孩子的反感。曾有一位孩子的妈妈找到儿童心理学专家，很痛心地向专家诉说她内心的苦恼：这位家长大学毕业，拥有一个很好的工作，可为了孩子中考，她辞去工作，专门陪着孩子，辅导孩子功课，陪孩子上补习班，可以说是付出了自己的全部精力。可孩子的成绩却总是提高不上去，心思也总是放不到学习上来。这里就存在一个如何与孩子沟通、怎样帮助孩子的问题。

那么，怎样与孩子沟通才能起到引导、帮助孩子，促进他学习的目的呢？首先我们要了解孩子的心理。

一般，孩子有三个显著的特点：

(1) 极强的自尊心。自尊心是一把双刃剑，作为父母，如果还像以前那样，出了问题，对孩子就是一味的呵斥，尤其是当着其他人的面，不允许孩子申辩，这样做，非但起不到教育他的效果，反而会引起他对你的排斥和反感。孩子听到你劈头盖脸的教育，首先想到的是自己很没有面子，今后怎么还能在同学面前抬起头来，而不是反省自己到底是不是错了或错在哪里。

另一方面，孩子为了维护自己的自尊心，势必要好好努力，通过学习成绩说话。所以，作为家长，我们要好好引导，将孩子对自尊心的维护转化为上进心、自信心。

(2) 强烈的独立意识。随着年龄的增长，很多孩子不再愿意事事都跟父母商量，而是自己单独来做。这时候，父母要自愿充当孩子的参谋，争当绿叶。虽然，孩子年龄还小，缺乏处理问题的经验，但在条件允许的情况下，还是要尽可能地提供给孩子自我展现的平台。很多做父母的，尤其是母亲，总是怕孩子做不好，处处代劳。这样，一方面会使孩子失去独力思考的能力；另一方面，对孩子健全的人格成长也是极为不利的。报纸上就曾有过一则报道，一位13岁的天才儿童，考入一所名牌大学，可是他无法自己料理日常生活，无法与其他的同学相处，入学不久就被退学了。原来，他过去的日常生活都是妈妈打理，就连学习也是妈妈跟着一起学，学完后再教给他的。

(3) 容易受到不好环境的影响。稍微大一些的孩子思维敏感，容易受到周围环境的影响，尤其是坏环境的影响。所以作为父母要经常关注孩子的各种情况，尤其是他交往的朋友。尽量给孩子创造一个单纯的、积极的成长空间。事实上，我们指导孩子好好学习，直到将来考入名牌大学，不仅仅是为了使孩子接受最优秀老师的指导，也是为了给孩子创造一个良好的学习环境、竞争环境。

针对上述特点，我们给家长们提供以下六个建议：

1. 善于倾听

倾听是沟通的前提，只有倾听孩子的心里话，知道孩子想什么、关注什么和需要什么，才能有针对性地给予孩子关心和帮助，也会使以后的沟通变得更加容易。孩子向你诉说高兴的事，你应该表示共鸣，如孩子告诉你他在幼儿园得到了老师的表扬，你可以称赞说，“噢，真棒，下次你会做得更好”；孩子向你诉说不高兴的事，你应该让他尽情地宣泄，并表示同情；如当孩子告诉你小朋友推了他一把，他非常气愤时，你可以说，“你很生气甚至想打他，是吗？但你不能这样做，你可以告诉老师，请求老师的帮助”；当孩子向你诉说你不感兴趣的话题，你应该耐着性子听，表示你关注他的谈话内容，你可以使用“嗯”“噢”“是吗”“后来呢”等词语，表示你在认真地倾听，鼓励孩子继续说下去。这样，不仅使孩子更乐意向你倾诉，也可以提高他的语言表达能力。

2. 善于发现

发现是沟通的关键，家长在倾听的过程中，不但要认真倾听，而且要善于思考，注重在谈话中发现孩子的闪光点。比如，发现孩子能够独力地讲述简短的故事时，要及时给予赞赏：“你讲得真不错！”孩子第一次能坚持自己的观点据理力争时，就应该称赞：“你真有主见，就像个雄辩家。”

要注意培养并保护孩子的自尊心，不能一味地说教、指责，要“哪壶先开提哪壶”，这样，孩子不但愿意经常和你沟通，还能提高沟通的质量。

3. 要童心未泯

家长如果没有一颗童心，总是高高在上，就很难和孩子交知心朋友，也就谈不上真正的沟通。这就要求家长和孩子谈话时，要以孩子的心态和孩子能理解的语言进行。孩子游戏时，你可以与他一起游戏、一起比赛，使孩子觉得你是他的朋友和伙伴，沟通自然会水到渠成。

4. 慎用批评

批评是教育孩子不可或缺的手段，但使用不当，也会影响家长与孩子之间的沟通，扼杀孩子的灵性。心理学研究表明，犯了错误的孩子，最担心失去父母的爱，所以家长的批评最好从谈话开始，千万不要过早地下结论或横加指责，以避免孩子关闭心灵的窗户，拒绝沟通。如果用“宝贝，让我们来谈谈好吗”之类的语言开始谈话，允许孩子把事情的经过讲完，并引导他说出自己的想法，然后帮助他分析问题所在，孩子不仅会自觉地承认错误，还会对你更亲近。

5. 要有耐心

有些家长过于急躁，常常是“恨铁不成钢”“哪壶不开提哪壶”，幻想着通过一两次聊天，就能和孩子成为知心朋友。家长与孩子之间的年龄、心理和思想感情等各方面都存在着巨大差异，理解需要一个过程。如果过于急躁，沟通就会成为泡影。

孩子的气质类型通常可以分为三种：容易型、困难型和迟缓型。容易型的儿童比较容易沟通，而困难型和迟缓型的儿童，由于情绪比较消极，很难对环境和父母及老师感到满意。家长如果失去耐心甚至情绪激动，埋怨、责怪甚至惩罚孩子，就会使孩子变得不耐烦，由此产生困惑、胆怯、逃避等不良心理，甚至产生敌意，亲子关系就有可能长期不和谐。

6. 要讲究一个“信”字

和所有的友谊一样，两代人的沟通也要讲一个“信”字。说话算数说起来简单，真正做到并不容易。儿童心理医生林达曾经举过这样的例子：一位妈妈因为6岁的儿子不愿与她沟通，便领着儿子去进行心理咨询，结果发现原因是妈妈将儿子告诉她的“秘密”，在晚饭时不经意地告诉了家庭其他成员，结果哥哥姐姐们以此来取笑他，从此他再也不肯对妈妈说什么了。可见，家长的“诚信”对孩子的健康成长也是很重要的。

成长实用智慧

孩子们天天在用现代化的眼光审视我们，逼迫我们去学习新东西，督促我们朝现代化靠近，这是多么好的事情啊！在21世纪，变是唯一不变的真理。变是常态，不变是病态。因此，作为21世纪的父母，我们不妨改变一下自己，用21世纪的尺子来量量自己，学点新知识，变个新形象，努努力，当好“现代父母”！

第二十七件事 对孩子的进步要鼓励

心理学、教育学的研究表明：孩子的年龄越小，越需要外界的鼓励。激励是培养孩子求知欲的营养剂。当孩子在某一方面有进步的时候一定要鼓励。要用心观察孩子的进步，让孩子知道爸爸、妈妈随时都在关心他的成长。只要父母对孩子充满信心，并且嘴边经常挂着一些由衷的赞美之词，便可使丧失信心的孩子恢复自信。

一、珍视孩子的进步

丽贝卡是少年宫的钢琴老师，这段时间，她正在教一批新学生学钢琴。在这批孩子中，有一个叫阿尔瓦的小男孩，他学钢琴非常刻苦，虽然刚开始的时候入门比较慢，但后来慢慢地进入了状态，弹得越来越好，他觉得这个孩子很有潜力。

可是，丽贝卡发现阿尔瓦已经两个周末没有来学琴了。她感到非常奇怪，于是她拨通了阿尔瓦家里的电话，接电话的正是阿尔瓦。

“阿尔瓦，这两个周末怎么没有来学琴呢？”

“妈妈不让我去了。”阿尔瓦小声地说。

“为什么不让你来了呢？家里有什么事吗？”

“没什么事，因为妈妈认为我学不好，再学下去也是耽误时间。”

“怎么会呢，你学得很努力，进步也很快，妈妈为什么会这么说？”

“我每次学完琴回家，妈妈总让我弹给她听。每次弹完，她都说弹得不好，一点进步都没有，就不让我学了。”

挂上电话，丽贝卡为阿尔瓦的妈妈感到悲哀。

无视孩子的进步，仅仅因为孩子没有达到“最佳”或自己心目中理想的标准，就全盘抹杀孩子的成绩，这是对孩子的一种伤害。也许在无意中，会因为父母过高的期望而葬送掉一个科学家或艺术家。

孩子在学习中总会有一些让父母不满意的地方：成绩没有别人好、脑筋没有别人聪明……但是，孩子一直都在进步，这才是最重要的。

应该珍视孩子的进步，在孩子看来，只要自己取得一点点进步，父母就应该是高兴的，就应该表扬自己。可是有的父母不会站在孩子的角度看问题，总是用大人的标准要求孩子，因而孩子很多时候很难达到父母的要求。这样一来，孩子就很难看见自己的进步，就会产生自己没有用的想法，从而丧失了前进的动力。

因此，随时都要看到孩子的进步，尤其是在孩子表现不好或者成效不明显的时候，不要打击孩子的信心和积极性，而是应该善于发现孩子哪怕是一点点的进步，对孩子的表现给予宽容，对孩子的进步给予赏识，这将会让孩子建立或者重新建立做好事情的勇气和信心。

期末考试的成绩下来了，艾德文只考了第二十名，而他的同桌考了第一名。回到家，他问妈妈：“我是不是比别人笨？我觉得我和同桌一样听老师的话，一样认真地做作业。可是，为什么我考第二十名，而他考第一名？”

妈妈抚摸着艾德文的头，温柔地说：“你已经比以前进步了，以后会越来越好的。”

第二学期的期末考试，艾德文考了第十五名，而他的同桌还是第一名。艾德文还是想不通，又向妈妈问了同样的问题。妈妈还是说：“你比上学期又进步了，以后会越来越好的！”

艾德文小学毕业了，虽然他还是没有赶上他的同桌，但他的成绩一直在提高，已经进入前十名了。

暑假里，妈妈带着艾德文去看大海。母子俩坐在海滩上，看那些在海边争食的海鸟。他们发现，越是体形比较小的海鸟越能迅速地起飞；而那些体形比较大的鸟比如海鸥却显得非常笨拙，起飞很慢。这时，妈妈对艾德文说："儿子，海鸥虽然起飞慢，但是真正能飞越大海、横穿大洋的还是它们。"

初中的时候，艾德文的成绩已经名列前茅了。到了高中，他成了全校著名的尖子生，最后以全校第一名的成绩考入了哈佛大学。

这个故事是耐人寻味的。发现并赏识孩子的进步，不仅影响到孩子学习和做事的效果，而且还会影响到孩子学习和做事的态度。事实证明：孩子喜欢某一门课程，很多时候是因为放学回家后有人愿意了解他们这门功课的学习情况，并肯定他们的进步。有的孩子说："我喜欢音乐课，因为回家后可以唱歌给爸爸妈妈听，他们可喜欢听了。"也有的孩子说："我喜欢数学课，因为回家后算数学经常得到妈妈的赞扬。"如果我们对孩子的进步不听、不看、不肯定、不赞扬，孩子的学习态度肯定会受到打击。

有这样一段很精彩的话：假如你的孩子不能成长为参天大树，那就让他做一棵默默无闻的小草吧，他一样可以给你带来春天的美丽；假如你的孩子不能成为一片汪洋，那就让他做一朵最小的浪花吧，他同样可以带给你跳动的喜悦；假如你的孩子不能成为一位名人，那就让他做一个平凡的人，无论是地地道道的农民，或是普普通通的工人，也无论是一名军人，还是一位商人，只要他诚实、正直、善良、上进，为父母者都应感到骄傲，因为他们培养出来的孩子是一个对社会有用的人，这就足够了。

当孩子在学习中取得进步，哪怕是很小的进步，作为父母，你都应该说："你比以前进步多了，继续努力，一定会越来越好的。"

当孩子取得的成效不明显时，不要打击孩子的积极性，要对他说：“你每天都在进步，别着急，会好起来的！”

二、让孩子在鼓励中不断成长

孩子毕竟是孩子，他在这个年龄的角色，注定在很多方面没有大人想象的那么聪明。因此，做父母的无论如何要记得避免在孩子身上运用“你真笨”这句话，它是非常伤害感情的一句话，比你能够想象到的后果还要严重。

有的家长总是抱怨说自己的文化水平低，不能给孩子以必要的辅导，便认为自己的孩子不如别人了；有的家长看到自己的孩子上的不是重点学校而是普通学校时，就觉得自己的孩子没有希望了；有的家长只要发现孩子的学习成绩哪怕只是一两次不如别的孩子就觉得孩子有大问题了……

孩子学习是很累的，负担是很重的。做家长的有时不但没能给孩子松绑，而且还“投石下井”，做出适得其反的事情来。一个最浅显的道理就是，给孩子信心，最大限度地发挥出孩子身上的潜能。这就需要做家长的能正确对待孩子。

美国的安·古德里斯曾经写过一篇《妹妹的角色》的文章：为了募捐，学校准备排练一部叫《圣诞前夜》的短话剧。告示一贴出，妹妹便热情万丈地去报名当演员。定角色那天，妹妹到家后一脸冰霜，嘴唇紧闭。“你被选上了吗？”我们小心翼翼地问她。

“是。”她丢给我们一个字。

“那你为什么不开心？”我壮着胆子问。

“因为我的角色！”

（《圣诞前夜》只有四个人物：父亲、母亲、儿子和女儿。）

“你的角色是什么？”

“他们让我演一条狗！”说完，妹妹转身奔上楼，剩下我们面面相觑。妹妹有幸出演“人类最忠实的朋友”，全家不知该恭喜她，还是安慰她。饭后爸爸和妹妹谈了很久，但他们不肯透露谈话的内容。

总之，妹妹没有退出。她积极参加每次排练，我们都纳闷：一只狗有什么可排练的？但妹妹却练得很投入，还买了一副护膝。据说这样她在舞台上爬时，膝盖就不会疼了。妹妹还告诉我们，她的动物角色名叫“危险”。我注意到，每次排练归来，妹妹眼里都闪着兴奋的光芒。然而，直到看了演出，我才真正了解那光芒的含义。

演出那天，我翻开节目单，找到妹妹的名字：“珍妮——危险（狗）”。偷偷环视四周，整个礼堂都坐满了，其中有很多熟人和朋友，我赶紧往椅子里缩了缩。有一个演狗的妹妹，毕竟不是很有面子的事。幸好，灯光转暗，演出开始了。

先出场的是“父亲”，他在舞台正中的摇椅上坐下，召集家人讨论圣诞节的意义。接着“母亲”出场，面对观众坐下。然后是“儿子”和“女儿”，分别跪坐在“父亲”两侧的地板上。在这一家人的讨论声中，妹妹穿着一套黄色的、毛茸茸的狗道具，手脚并用地爬进场。但这不是简单地爬，“危险（妹妹）”蹦蹦跳跳、摇头摆尾地跑进客厅，它先在小地毯上伸个懒腰，然后才在壁炉前安顿下来，开始呼呼大睡。一连串动作，惟妙惟肖。接下来，剧中的父亲开始给全家讲圣诞节的故事。他刚说到“圣诞前夜，万籁俱寂，就连老鼠……”“危险”突然从睡梦中惊醒，机警地四下张望，仿佛在说：“老鼠？哪有老鼠？”神情和我家的小狗一模一样。我用手掩着嘴，强忍住笑。男主角继续讲：“突然，轻微的响声从屋顶传来……”昏昏欲睡的“危险”又一次惊醒，好像察觉到异样，仰视屋顶，喉咙里发出呜呜的低吼……

太逼真了，妹妹一定费尽了心思。很明显，这时候的观众已不再注意主角们的对白，几百双眼睛全盯着妹妹。因为“危险”的位置靠后，其他演员又都是面向观众坐着，所以观众能够看见妹妹，其他演员却无法看到她的一举一动。他们的对话还在继续，妹妹幽默精湛的表演也没有间断，台下的笑声更是此起彼伏。

那晚，妹妹的角色没有一句台词，却抢了整场戏。后来，妹妹说让他改变态度的是爸爸的一句话：如果你用演主角的态度去演一只狗，狗也会成为主角……

这位爸爸的智慧就在于，他没有责怪老师为什么没能给自己的女儿安排一个好角色，他更没有撒气让女儿不要去演这个不太雅观的角色，而是适时鼓励女儿要正确对待自己的角色，并让她全力以赴去演好自己的角色，只要态度端正，用心去做，就能取得成功。

家长们应该能明白这个道理：当孩子遇到问题和困难时，我们应该设法帮他们找到解决的途径和办法，而不能只是一味地训斥孩子，责怪孩子。一个孩子从小到大，都会在某种环境里扮演着一定的“角色”，严格意义上讲,所有的角色都是一种需要,就看你用什么样的心态去“演”它。

爱泼斯坦在他的回忆录《我曾是智障者》一文中，讲述了自己求学的经历。他最不能忘记的是他上五年级时遇到的一名叫赫伯特·默菲的老师。

由于生理原因，爱泼斯坦遭遇了严重的学习障碍，尽管他尽了最大努力，可仍不断遭受挫折和失败，他自认比别人“笨”，就退却消沉，并开始装病逃学。默菲老师没有因他的“笨”而轻视他，相反，还满腔热忱地鼓励他。有一天课后，老师把爱泼斯坦叫到一边，将他的一张考卷递给他。那上面，爱泼斯坦的答案全错了。“我知道你懂得这些题目，为什么我们不再来一次呢？”老师挨个问考卷上的原题让爱泼斯坦回答。

爱泼斯坦每答完一道题，老师都微笑着说：“答得对！你真聪明，我知道你其实懂得这些题目，我相信你的成绩会好起来的。”他还一边说一边把每一道题都打上勾。

可以想见的是，默菲老师的适时鼓励和帮助，使得爱泼斯坦战胜了自卑。假如老师对爱泼斯坦只是冷眼相对，骂几句“笨”，爱泼斯坦能够成为世界知名的医学博士吗？所以说，我们要相信孩子，帮助孩子正确对待自己的“角色”。用激励引导他们战胜眼前的困难，向成功大踏步迈进。

成长实用智慧

“想让孩子成为什么样的人，就让孩子深信他是什么样的人。”赏识教育如同阳光育苗，多给孩子阳光吧；在阳光下长大的孩子，心智一定是健康快乐的。

第二十八件事
适当降低对孩子的要求

父母应当适当地降低对孩子的期望值，设身处地为孩子着想，照顾孩子的兴趣爱好和实际能力，尊重孩子的意愿而不是盲目地要求孩子按照成人预先设计的程序成长。千万不要对孩子提出过高的期望和要求，注意给孩子减轻精神压力，注意培养孩子健康的心理、完善的品格和基本的动手能力，不要单纯地要求孩子在学业上拔尖……

一、父母的补偿心理

现代家庭教育中，父母和孩子之间为何有那么多的冲突？为何父子之间变得那样不好理解和沟通？原因是多方面的，其中之一，就是不少父母往往想将自己往昔失去的东西，通过自己的孩子来补偿、实现，把孩子当成自己生命的延续，强行要求孩子按照自己的意志生活、学习。父母越是不得志，对孩子的期望值就越高；父母越是壮志未酬，越是希望在孩子身上得到补偿，总是想把自己未实现的理想让孩子去实现。

的确，鉴于各种各样的复杂情况和原因，我们有不少家长失去的东西很多。例如，有的家长期望值并不高，但是就因为家庭经济原因而实现不了；有的家长本有很高的天赋，但是社会环境突然发生变化，自己的发展受到了阻碍；有的家长本有某方面的潜能，但是由于缺乏懂行人的指点和培养，错过了发展的“关键期”，最后只能是以遗憾告终……于是，在这类家长的潜意识里，就深深地烙上了一个不容易解开的“结”，总希望自己的孩子来实现自己在孩童时代没有实现的期望。家长的这种心情是可以理解的，但是不一定非要让自己的孩子来实现。孩子能否实现自己的愿望，还要看孩子的条件和素质。

如果孩子的兴趣、爱好与父母的期望一致当然最好。但是，如果子女的兴趣爱好和想法不符合父母的愿望，那么，作为家长怎么办？是强迫孩子，还是应该努力为孩子创造一块自由驰骋的天地，让他们在自己所喜爱的领域里充分发挥才能？答案自然是后者。家长决不能越俎代庖，强人所难。那样，不仅不利于子女的健康成长，还会使孩子的智慧幼芽刚一出土就遭到损伤。作为家长，对往昔发生在自己身上的各种遗憾，还是应该理性地对待：一是不要凭一时的冲动，更不能强迫自己的孩子接受；二是即使发现孩子有可能实现自己以往没有实现的遗憾，也要选择一个比较科学的合理的方法培养孩子的求知欲望和兴趣；三是要随时随地调整对孩子的期望值，不能期望过高，要切合实际；四是重点发展，因为有的家长没有实现的遗憾太多，不能让孩子一会儿学这个，一会儿学那个。

孩子是自己的后代，但孩子是独立的个体，他有自己独立的权利。他们的命运应该由他们自己来主宰。不要把孩子当成自己的私有财产和生命的延续，他有权选择自己的兴趣、爱好、专业和前途。做父母的要尊重孩子的独立性，尊重孩子自己的选择，让孩子能充分地发展，而不是被别人设计好的框子限制住。不然，他们也会同你们自己一样，在补偿父母遗憾的同时，也就留下了自己的遗憾，而他们的遗憾又由谁来补偿呢？

兴趣是一把开启事业成功之门的钥匙，每个人都愿意做自己感兴趣的事，因为这能把潜能发挥得淋漓尽致。如果父母坚决反对，非要孩子按照自己的意志选择生活，往往使孩子产生逆反心理，公开与父母对抗，即使孩子勉强顺从了，也会消极应付。此时，孩子的激情和创造力都会受到抑制，客观上会影响他们事业的成功。

因此，请父母善待孩子，尤其要善待那些为了获得父母的爱而不断努力却又不能一下子甚至始终不能圆父母“望子成龙”之梦的孩子。每个孩子都是一个独立的个体，他们有自己的尊严和人格，应有一定的自主性，而不再是父母生命的延续，不必由父母设计他们的生活，他们也没有必要去实现那些连父母自己年轻时都没有实现的愿望和梦想。

做不愿做的事情是痛苦的，对此，为人父母者自己的感受是最深的。同样，孩子也是人，也有七情六欲，强迫他们去做不愿做的事情，也会使他们难受万分。

因此，为人父母者，要多站在孩子的角度考虑一些，理解孩子已经承担了巨大的社会压力和心理压力。从精神上给孩子关爱和关心，让他们按照自己的愿望成才，而不要一味地强行让孩子按照父母设计的轨道生活。企图将孩子童年倾注在父母精心设计的成才模具里，驯化为另一个自己的想法是不现实的，请还孩子作为一个平凡人过平凡生活的权利。

二、不要让你的爱和期望变成孩子的负担

多数父母只会按照自以为是的思维习惯和方法去教育孩子，他们想把孩子塑造成自己心目中想要的那种形象，也就是说这些父母关注的更多的是自己的希望和没能在自己身上实现的愿望，而没有去真的关心孩子的想法、孩子的需要。说起来都是为了孩子好，可是真的很想让每一位做父母的问一问自己，那是真的吗？你们想过那样严格地塑造孩子，孩子可能失去什么吗？孩子可能失去童年最美好快乐的时光，可能有大半生的时间和自由的情感都被你们所控制和束缚了，孩子失去的更可能是他本身所最亮的那个闪光点，失去了他在30岁以前，或在摆脱你们控制之前所有本因该属于他自己的东西。我们天天谈人权，不懂得爱或不知道怎样去爱孩子，孩子的人权又在哪里呢？

不能否认父母对子女的那份爱的热烈与执着，可怎样爱得深刻和长久不能不说是一门让我们怎样去懂得爱，认识爱的学问与艺术的结合。

可以相信所有的父母对孩子的最初愿望都是好的。而为什么有的家庭教育的效果却事倍功半或事与愿违呢？为什么有些子女却恰恰与本来最爱他的父母反目成仇呢？为什么大家都说“可怜天下父母心”，父母就真像说的那么可怜吗？想了解天下的父母为什么可怜其实并不是很难，只要能去挖掘和分析问题的本质。如果不想做可怜的父母，自己就不要做狭隘可怜的人。你能不能做到真的爱你的孩子，就看你是希望把他变成什么样的人还是要让你的孩子怎样快乐地成长。

而如今中国多数的父母在过去的文化和传统的观念熏陶下已经根深蒂固地形成了中国式的教育和发展观念，而这种可怕的难以改变的观念对于老师也好，父母也罢，对于整个中国的发展可怕到能让每一个人深受其害的地步。这不是危言耸听，更不是夸大其词，应该说每一个有责任感的人，敏感的人，充满爱并深刻爱着的人都能感觉到遗留下来的陈旧的体制与观念对社会与国家的危害有多大。

每一个做父母的都应该去反思，问问自己真的去爱了吗？爱得深刻吗？望子成龙到底是为了可以今后在别人面前炫耀自己的成就，还是真的在教育孩子？好的老师都这么说：“教育是要孩子快乐地成人，而不是所谓的成才。”爱一个人——自私的爱常会成为爱的理由，而这样的理由是别人无法反对的理由，狭隘的爱通常变成爱的借口，而这样的借口往往是推脱责任的借口，无知的爱就是社会和家庭的癌症，与其说是爱，不如说是一种深重的罪孽！

不要在给孩子带来太多伤害的时候，父母还在顽固不化地高喊着“我是爱你的”那样空而乏味含糊的口号。

成长实用智慧

有的家长是“生了男孩怕学坏，生了女孩怕受害”，但意想不到的伤害天天都可能发生，过度的保护带来的是孩子的无能。可以包容孩子，让家成为孩子最后的港湾；可以理解他，让他找到温暖和安全感，在彷徨和没有出路时，给他指条路，但决不可以成为孩子的拐杖，否则，离开你们，他将寸步难行。

第二十九件事
父母要懂得尊重孩子

孩子的可塑性很强，家长要尽量利用他们自身的积极因素，克服他们的消极因素，尊重孩子的人格，保护他们的自尊心。只有当孩子觉得成人尊重自己的时候，他才能自发地愿意接受成人的教诲，这种教育才是成功的。

一、自尊是进步的根本

自尊不是自我夸大、唯我独尊，自信也不是只信自己、固执己见并走向刚愎自用的道路。但人们也不能轻信别人，没有骨气、没有己见，走向盲从逢迎的道路。

一个人有了自尊，才能把追求自尊的意识转化为强大的动力，才会自强不息，从而迸发出一种极大的追求成功的热情。因此，在大多数情况下，一个人的勤奋，更多的是来自于自尊自强的精神。

美国著名的社会心理学家马斯洛的需要层次理论认为：人的需要可以分为五层，由低到高依次为生理的需要、安全的需要、社会交往的需要、尊重的需要和自我价值实现的需要。父母对于孩子的教育，除了满足孩子基本的生理需要之外，也应该满足孩子慢慢萌发的自尊的需要。

生活中，孩子们常常会有这样的经历：

小飞放学回家看到爸爸和一位叔叔正聊得很热乎，便跟叔叔打了个招呼，就走进了自己的房间。

妈妈见小飞回来了，赶紧跟着进了小飞的房间。问："考试成绩下来了吗？考了多少分？”

小飞沮丧地回答：“考得不太好。”

“多少分？快把试卷拿出来我看看。”

小飞磨蹭了一会儿，还是把试卷递给了妈妈。一看到试卷上的分数，妈妈就嚷开了：“你这孩子，咋就这么笨呀，每次都考得这么糟糕！”

爸爸听到妈妈的责备声，就大声地叫道：“小飞，到爸爸这儿来！”

小飞不想出去，但是禁不住妈妈连拖带拉被拉到了客厅。

爸爸指着小飞开始数落：“瞧你那样，你怎么不和隔壁家的王军比比，人家每次都考得那么好，你怎么就只得这点分数！”

小飞听了爸爸的训斥，眼泪不争气地流了下来。尽管旁边的叔叔赶紧来安慰小飞，但是，小飞还是觉得爸爸妈妈当着叔叔的面批评自己很没面子。

小飞的父母可能是想通过批评、比较的方法来激发孩子的上进心，但是，他们却不知道，这样做的结果是伤害了孩子的自尊心，会让孩子失去自信，甚至破罐子破摔。

孩子在小的时候，自尊心一旦受到了伤害，后果将是非常严重的。大多数的孩子会从此一蹶不振，成为一个被自卑感笼罩着的人，会产生自暴自弃的心理，那将是很可怕的。

台湾作家三毛曾经在她的自传里叙述了她年幼时辍学的原因：

老师笑眯眯地用毛笔在我的眼睛上圈了两个很大的黑眼圈，我能感觉到那墨水的凉意。我当时并不明白老师要干什么，也不知道老师让我干什么。刚上学的孩子，老师让孩子干什么，孩子就会干什么。然后，老师让我在学校的走廊上走一圈。当时正是下课的时候，全校的学生都看到了走廊里的我。我像一个演杂技的小丑，他们任意地笑话我的怪模样。我含着眼泪，虽然害怕，但还是乖乖地走完了一圈再回到教室。

我回到家后，就发烧了。从此以后，我就再也不愿意去学校了。

从此，三毛就得了学校恐惧症，不愿意上学了。她一直待在家里，大部分时间待在自己的房间里。她害怕学校，害怕外界，害怕与人接触，她退缩在自己的小天地里，封闭在自己的世界里，无法解脱。这个弱小乖巧的孩子，自尊心受到了严重的摧残，心灵也变得脆弱无比。为了保护自己仅存的一点自尊，她拒绝了所有的外界生活……

心理学家根据大量的调查总结得出：一个有着健康自尊的孩子会相信自己有能力做好事情，认为能够胜任自己的学习，他们有如下的表现：

（1）相信自己做事能成功；

（2）喜欢学校；

（3）愿意与同学交往，并感到很快乐；

（4）对学习上遇到的困难，有信心能克服。

与此同时，自尊心受到伤害的孩子，会表现出以下的倾向：

（1）学习成绩不好；

（2）不愿意与别人交往；

（3）精神消沉，缺乏自信心；

（4）畏缩不前，缺乏自我调控能力；

（5）经常苛求别人，容易产生对他人的消极想法。

每一个孩子都有自尊意识，都渴望被尊重，尤其是被家长和老师尊重。如果一个孩子在班级中不被重视，在集体中没有施展能力的机会，或者在老师、家长面前受到过多的指责、批评甚至是讽刺、挖苦，都会伤害到孩子的自尊心。

事实上，对孩子自尊、自强意识影响最大的是父母，因为孩子从小就与父母朝夕相处，生活在一起，有什么样的父母就会有什么样的孩子。有一位教育家曾经说过：“一对父母养育的是一个孩子，所有的父母养育的是整个民族。”孩子最初的自尊意识就来源于父母对他的尊重。

因此，像“你真没出息”“你不可救药”“你的脑子是猪脑子呀”“我对你完全失望了”“早知道你是这副德行，真不该生你”“你把我的脸都丢光了”……这些话应该从父母的口中消失。

二、体谅孩子的自尊心

小陶是个10岁的男孩子，从小在爷爷奶奶的呵护下长大，养成了内向、胆怯的性格。一天，上数学课时，走了一下神，被老师发现，让他到黑板前演算。他在众目睽睽下脸涨得通红，老师当场骂道：“你真是个笨猪！”生性敏感的小陶当场羞愧得无地自容。当天晚上，他做了一个噩梦，看见那个老师恶狠狠地指着他的鼻子，用手指着他的脸。以后，凡是上数学课，小陶就紧张，越紧张越听不懂。偏偏又遇到这位不懂得心理学的老师，每次都毫不留情地加以训斥。最后10岁的小陶得了恐惧症，每天晚上做噩梦，坚决要求不上学，父母只得让他在家休学。

由于老师教育方法的失当，伤害了一颗脆弱的童心。不顾场合地对孩子恶语相加，实际上是一种对孩子的摧残，是比体罚更恶劣的精神虐待。

要保护孩子的自尊心，切忌在众人面前用命令和训斥的口吻和他们说话，对孩子采取冷漠和粗暴的方法都是错误的。为了尊重孩子的自尊心，家长教育子女时一定要忌讳用恶言，如说孩子是“傻瓜”“废物”“流氓”等带侮辱性的语言。同时也要忌讳说绝对的话，如说孩子“你是狗改不了吃屎”“你要是出息，我管你叫爹”“你这孩子就这样了，不会有出息了”等。

另外，不要强迫自己的孩子，如“我说不行就是不行”“闭嘴，这没有你说话的地方”等。同时，不要对孩子进行威胁，如“你给我滚，我没有你这样的儿子”“一辈子别回来”等。要尊重孩子，对孩子的爱最重要的一点是应该体现在对孩子的尊重上。尊重孩子包括尊重孩子的感受、人格和潜能。生活中不少家长不尊重孩子的感受，强行按照自己的想法安排孩子的课外活动，结果适得其反。还有的家长对孩子呵护备至，实际上是对孩子的不尊重，这必然会妨碍孩子的健康成长。有了自信，孩子们在面对现实、适应环境的过程中才能充分发挥潜能，完善自身。相反，父母的过度保护，只能使孩子永远长不大，结果害了孩子。

把孩子当成朋友，家庭里多一些民主的气氛。家长应尊重孩子的成年意识，以平等的态度对待他们。当孩子的意识得到尊重时，他们就能与父母和谐相处，否则，就会感到反感，甚至出现抵触情绪。看过《傅雷家书》的朋友都会羡慕傅雷先生那种对儿子朋友式的骨肉情。为什么孩子有话不愿意告诉父母，起因就是父母一开始就没有尊重孩子。因此要学会尊重孩子，允许孩子有自己的隐私。大人跟别人通电话时，不希望孩子在一旁听，反之也是如此，孩子打电话时，你也应该回避，不要老是过问。孩子需要亲切的关怀，但是，这样的“关怀”并不适宜。家长即使有充分的理由认为必须干预，也要注意不能伤害孩子，一般情况下父母不宜过问孩子的隐私。

尊重孩子还表现在要尊重孩子的自治权利。现代心理学提出关于少年自治的问题，认为少年应该有正常的行为上的自治，即独立地处理有关个人的问题；情绪上的自治，即可以有自己的兴趣和依恋的事物；道德和评价上的自治，即可坚持自己的观点等。家长要给孩子这些自治的权利，要注意循循善诱地给予适度的指导，切莫粗暴地干涉他们的行动。

在社会发生急剧变化的时期，子女成长的环境与父母的环境是迥然不同的。然而，父母往往习惯于以自己的儿童时代作为榜样，全然不知其中许多方面业已过时，老一套标准已经不再适用。子女们也认为，父母的旧传统再也不能给他们提供合适的行动指南了。因此，父母们要适应时代的变化，跟上时代的潮流。

成长实用智慧

尊重孩子，这绝非是危言耸听。关键是，作为家长，应该尊重孩子、尊重他们的智慧，和他们一起探索前进。

第三十件事 不要总埋怨孩子

现在的孩子不太好教，现在的孩子脾气不是太好，因此，让很多父母恨铁不成钢。其实钢不是恨出来的，对孩子要多一些宽容，少一些责怪，不要总是埋怨孩子，也要多从我们自身寻找原因。

一、望子成龙心切，教子成龙无方

教育孩子，方式和愿望，哪一个更重要？诚然，愿望是基础，如果连愿望都没有了还谈什么方式，更谈不上教育孩子的效果了。但仅仅有了愿望是远远不够的。望子成龙心切，但教子成龙无方，同样也是枉然。方法不当，甚至还会适得其反，乃至害了孩子，严重的还可能葬送了孩子的前程。

为人父母者，哪一个不希望自己的孩子将来有出息，出人头地呢？但是，结果却不一定如愿。有的家长经过努力，孩子教育成功了。而有的家长尽管也费了九牛二虎之力，到头来却教育得很失败。为什么有人成功了，有人却失败了？原因是多方面的，但很大程度上是父母的教育方式起了作用。所以说，方式比愿望更重要。

有人曾经对862名城乡父母的教育方式做了调查，结果表明：采取不良教育方式的父亲比例为43.8%，母亲为42.3%，比例之高让人震惊。

当今，中国的父母对孩子的关爱可说是天下第一。家长的心血几乎都花在了孩子身上，但是，其结果却常常事与愿违。父母操尽了心，孩子未必领情。许多孩子对父母十分反感，甚至厌恶。相当大数量的孩子把父母列为最不喜欢的人，父母在孩子心目中的地位与父母对孩子的投入反差太大，究其原因也与父母教育子女所采取的方式有关。

有的父母望子成龙，恨铁不成钢，由不满情绪逐渐升级为对孩子斥责、辱骂，以至拳脚相加。因为孩子不争气而将孩子打伤、打死的恶性事件常见报端，这都是专制、粗暴的教育方式造成的恶果。有的父母为了让孩子取得好成绩，或者培养其某种特长就整天把孩子关在屋子里，以封闭的教育方式教育孩子，结果特长没有培养出来，孩子的性情却变得孤僻，甚至由于过分压抑形成心理疾病。有的父母对孩子过分溺爱，过多保护，导致孩子的独立性差，生存和发展能力严重不足。有的父母为了让孩子考大学而一味偏重智力教育，结果培养出来高分低能儿。有的父母忙于个人工作无暇顾及孩子，或者由于夫妻矛盾、夫妻离异对孩子采取放任自由的态度，使孩子的行为失去规范和引导，从而走上歧途……

大量无情的事实向人们发出了警告：教育方式欠妥已成为家庭教育中的严重问题，妨碍了孩子的健康成长。我们必须警醒，必须重视。事实上，天下所有善良的父母对孩子都怀有一片爱心，都希望自己的辛勤培育能结出美好的果实。然而，当良好的愿望通过不良的方式体现在教育行为上时，则往往事与愿违。

家庭教育方式，是教育者——主要是父母——在家庭教育中所采取的方法和形式，对孩子具有情绪传导作用、性格形成作用和行为规范作用。父母的教育行为和家庭教育的效果，都反映了一定的教育方式。

教育方式欠妥，从父母自身分析有多种原因：

1. 自我修养欠佳

一些父母以极大的努力不惜任何代价来设法提高孩子的素质，却忽视了自己作为教育者自身素质和自我修养水平的提高。他们不了解家庭教育的特点和规律，不掌握教育孩子的科学方法，而是凭想当然行事，必然表现出不良的教育方式。

2. 教育观念存在偏颇

父母的教育观念对于教育行为有着直接的指导作用和制约作用。例如，一些父母在人才观念上是重智育、轻德育，过分看重孩子的分数，因此往往会以封闭的方式、高压的手段对待孩子。又如，有的父母纯粹把孩子视为自己的一部分，而不是独立的个体，表现在教育方式上必然是专制的，强迫孩子听从父母。

3. 对教育对象缺乏了解

孩子是父母所面对的教育对象，有其自身的特点，思想和行为是千变万化的，只有真正地了解孩子，才能知己知彼，有的放矢地施以教育。而一些父母往往置孩子的实际情况于不顾，当孩子有能力自理时，家长仍然过多地保护、照顾，或者让孩子超越其承受能力，去做那些孩子自己并不愿意做的事情。这些都会在一定程度上妨碍孩子的正常发育和发展。

要解决好家庭教育中的问题，提高家庭教育的质量，就不能忽视教育方式问题。而要采取良好的教育方式，关键在于教育者，它有赖于对家庭教育特点、规律的深刻理解，有赖于对孩子心理特点的深入了解，有赖于自身素质的提高，有赖于对科学方法的把握。

家庭教育的好坏，不在乎请了多少家庭教师，购买了多少玩具和电脑，或者给孩子学了多少琴棋书画，关键在于父母培养孩子的态度和教育方式。

二、管教时紧时松

三天打鱼两天晒网是学习的大敌。可是有些父母在管教孩子时，特别是在抓孩子的学习时，时紧时松、阵风阵雨，造成孩子学习情绪不稳，甚至对学习产生逆反心理。

一些家长经常抱怨：“我们的孩子学习不稳定，狠抓他一阵儿，成天督促他的学习，就好一阵儿，学习成绩也就上去了。不抓他，学习成绩就降下来了。”为什么孩子会这样呢？因为孩子也很抱怨父母这种时紧时松的教育方法。一个孩子拿出了一份练习题诉苦道：“你看，我妈妈平时对我的学习不闻不问，可是不知她什么时候心血来潮，也不知她从哪里抄来这么难的习题，硬逼着我把它都做对。”问及这个孩子对这份练习题怎么办，他诚实地说，只好让学习好的同学帮助做。

老师教给学生的知识是有计划有目的地进行的，知识结构是一环扣一环的，系统性极强，就像一条锁链，少了哪一个环节都难以发挥作用，需要每一个环节都扎扎实实。时紧时松的教育，使孩子有些地方学得扎实，有些地方松懈，当孩子把所学的知识系统地用起来时，必然会出现问题。

对孩子学习抓得时紧时松，打乱了孩子的正常的学习节奏。紧时，孩子一方面要完成正常规定的作业，一方面又要服从父母的安排，加重了孩子的负担，使孩子很反感；松的时候，孩子感到父母不管了，可以放松放松，于是学习开始走下坡路。

低年级的孩子年龄小，大脑发育不完善，自制力差。到了初中后，他们的生理、心理发育迅速，他们面临外在的和内在的矛盾，情绪很容易波动，有时会过高估计自己，变得过于自信，有时又过低地估计自己，对学习、对自己缺少信心，这两种情绪都对学习不利。父母一方面要不断调整孩子的学习情绪，增进孩子的自信心、稳定感，一方面要更加广泛地关心孩子，了解孩子的变化。父母忽紧忽松地对待孩子的学习，容易引起孩子情绪的极大波动，使孩子不能持之以恒地面对学习。孩子对父母的管教具有主观能动的反应，忽冷忽热地对待孩子，会使孩子产生逆反心理，使用各种办法对付父母。

对孩子的学习和成长就像我们培育花朵一样，要按时施肥和浇水，常抓不懈。父母每天可以抽出一点时间关心、了解孩子的学习和生活。如果没有条件，可以阶段性地、有规律地检查孩子的学习情况。

成长实用智慧

有时候家长不直接插手孩子的学习，不代替学校的工作和老师的责任，反而更容易培养孩子学习的独立性、自觉性、主动性。孩子的这种能力一旦形成并保持下去，对学习十分有利，而你只要做好自己的分内工作，让孩子在正确的道路上坚持走下去，这就足够了。

第七章

掌握学习方法

学习方法有共同的规律，但因人而异。这和每个人的条件和特点有关系，要摸索创造自己的有效学习方法。

第三十一件事
孩子要树立良好的学习习惯

学习习惯是在学习过程中经过反复练习形成，并发展成为一种个体需要的自动化学习行为方式。良好的学习习惯，有利于激发孩子学习的积极性和主动性；有利于形成学习策略，提高学习效率；有利于培养自主学习能力；有利于培养孩子的创新精神和创造能力，使孩子终身受益。

一、要求孩子养成保持书桌整洁的习惯

如果孩子们都有自己的书桌，父母是否知道保持桌面整洁干净的重要性？保持书桌的整洁习惯，这不仅仅是讲究个人卫生，还能提高学习的效率。有的孩子很不注意收拾自己的书桌，各种小摆设，吃剩的食物，早已不再使用的文具、书籍，堆得满满一桌子。有的孩子还喜欢在桌面上张贴人物照片、娱乐海报，或者一些自我激励的警句格言，不论是放得整整齐齐，还是横七竖八，自以为很有气氛，实际上它们不断刺激视觉，都会影响学习。

放在桌面上的东西，学习的时候会不由自主地进入视线，而且有些物品还会引发无限的遐想，成为思想开小差的诱发因素。当孩子全神贯注学习之时，要保持注意力长期集中，本身就是件很不容易的事，一段时间后，即使没有干扰因素，也会产生疲劳而转移注意力。书桌上摆放着许许多多与学习无关的东西，无异于加快注意力分散的进程，干扰了正常的学习。

即使书桌上摆放的是与学习有关的课本、作业本，也尽可能在不用的时候收拾好，不要堆放在桌面上。桌面上堆着一大堆书籍，容易引发焦虑的情绪，这些课本、书籍会给自己无形中增加压力：还有许多内容没弄懂，有许多作业还没完成……尤其是看到那些本来就有压力的学科，望而生畏之情油然而生，学习的心情完全被打乱了。

下面是一位小学三年级班主任家访的叙述：

我曾经到一位学生家里家访，顺便“视察”了他的学习环境：那是一个布置得十分舒适的小书房，书桌上收拾得一尘不染，一张旋转的工作椅，灵活而惬意；眼前的小书架上整整齐齐地摆放着一排书籍。令我奇怪的是，书架上的书全用白纸细心包裹起来，包住了所有的书名，又没有加上标示，清一色的“白皮书”，根本就分不清是什么内容。我好奇地问他：“为什么不在书脊上写上书名，否则如何区分？”他不好意思地说：“我害怕见到书名。”我第一次知道还有学生害怕见到书名，又问：“都是一些教科书，为什么害怕呢？”他坦然地说：“我每天坐在书桌前，面对着这么多教科书，语文、数学、外语，还有物理、化学，书多得叫人喘不过气来。每天看，每天都心惊肉跳，好像有什么东西在追赶我，我又无处可逃。我干脆把它们用白纸包起来，把它们全关进‘笼子’里，就再也不会对我构成威胁了。”

我大笑起来：“哈哈……你这是典型的掩耳盗铃，自欺欺人嘛！”他没有笑，只是小声地说：“眼不见，心不烦，总比每天感到烦躁好！”我问：“那你现在要找书的时候，怎么分辨呢？”他怪我不懂做学生的苦楚，大声说：“老师，你真太不了解我们了，那些课本天天要翻阅，就是烧成灰我也能分辨得清清楚楚，还需要写上书名吗？”

摆放得整齐尚会对学习情绪产生影响，更不要说那些胡乱堆放的书籍、物件了。书籍琳琅满目，物品一片狼藉，使人仿佛置身于一个垃圾场内。家长们也许不清楚，一个混乱不堪的环境极容易引起孩子的烦躁，会极大地影响孩子的学习情绪。

父母可以引导孩子按以下步骤进行清洁：先进行一次彻彻底底的大扫除，将不需要的物品全部收好归位，与学习无关的东西都应在清除之列，不论是喜欢的还是不喜欢的，都暂且忍痛割爱，至少不要放在书桌上。如果有什么可以激励自己学习的物品，需要放在书桌上的，也要精心设计，不要随意摆放。要使自己的书桌十分清洁、整齐，留有足够的空间读书、写作业。有的社会学家认为，人需要一定的心理空间，这个空间太小会极大影响人的情绪，而心理空间与自然空间又有天然的联系，因此良好的学习环境直接决定着学习心态。

接下来，要花费一些时间和精力好好整理一下各类书籍。对于要放在书桌上的书籍，一定要排放整齐，同时要分门别类地排列。课本、参考书、练习册、作业都清清楚楚，一目了然。需要使用时，随手一拿，就可以准确地找到需要的东西。如果能整理出这样一张书桌，实际上也就掌握了一种更先进的学习方法，形成了一个更有效的学习习惯。

二、克服孩子骄傲的习惯

你会很容易发现自己的孩子产生了骄傲情绪，从他越来越过分自信甚而自负的谈吐里你可以嗅到骄傲的味道，因为在他看来自己在这门功课上已经很完美了，尤其是在上星期得到了班级成绩靠前的名次之后。所以他近来喜欢把时间用来多看一下电视节目、玩计算机游戏或者对其他琐事指手画脚，大放厥词。先不要去责怪他，可能孩子自己都不清楚这是为什么呢！是的，你的孩子很有可能并不知道自己已经骄傲了，换句话说，有哪一个骄傲的人会真正老老实实地承认自己在“骄傲”呢？换了我们自己，道理也是一样的。

来看这样一个有意思的故事，尽管现在听起来显得那么幼稚。传说乌鸦本来是鸟类当中最漂亮的，那时连凤凰见到它也觉得自己很丑陋，别的小鸟就更别提了。所以，那时的乌鸦是大家赞美的对象，经常向别人展示自己美丽的羽毛。当然，欺负弱小的事情乌鸦也干了不少，因为，大家长久以来的谦恭和赞美让乌鸦觉得自己理所当然应该是众鸟之中的“特殊公民”。

有一天，乌鸦抢了鹌鹑的浆果，吃得饱饱的去河边散步。突然，美丽的乌鸦停住了脚步，愣愣地向河里望去，随后怒气冲冲地大叫起来。原来，它在河里发现了一只从来没有见过的美丽的鸟。可怜的乌鸦不知道那是它自己在水里的倒影。因为，这个美丽的家伙从来都把眼睛高高地瞟到天上、树尖。所以，它的眼睛里总是看到蓝天、白云和别人嘴边的好吃的，却连自己水中的影子也不认识。乌鸦大喊大叫了一阵子之后，水中的美丽鸟自然不会退却，反而朝着乌鸦大叫。最后，乌鸦声嘶力竭，忍无可忍，冲进水里。结果可想而知，乌鸦变成了“落汤鸡”，费尽力气爬到岸上，不过这回它满意了，因为水中的那个家伙浑身湿淋淋的，刚才的威风样子一点也不见了。

后来乌鸦看到森林中的一堆烈火在风中猎猎作响，火焰光彩四射，以为又是其他美丽的家伙在向自己挑衅，于是一头撞过去，因此失去了自己美丽的衣裳，从美丽的鸟变成了一只黑鸟。这个故事可以告诉孩子们，千万不要骄傲，否则后果不妙。

1.骄傲给了学习者什么

虽然，有些人一直认为孤独是迷人的，但是对于我们大多数人来说，孤独是难以忍受的。骄傲带给我们的大礼之一就是“孤独”。常会听到孩子们说：“看他那副样子吧，尾巴要翘到天上去了！”看看，已经是很不满的样子了。很少有人喜欢和骄傲的人待在一起，因为这样的人在我们看来是靠不住的，还有就是我们的好脾气还不足以让我们的内心不断容忍无原则的指手画脚。所以，我们的意思很明白，我们不喜欢骄傲的人。

骄傲的孩子自己也很不容易，因为他们总是很辛苦地表现自己，想尽办法寻找机会，把时间花在那些让别人关注自己的事情上面，绞尽脑汁，煞费苦心。其结果是费力不讨好，忽视了自己当下应该完成的学习任务和可能存在的发展，又招致别人对自己的反感。

其实，骄傲与虚荣是密不可分的兄弟，每个人有一点虚荣心很正常，没有虚荣心的人是人类的理想中才有的。但是一味地放任自己的虚荣心，骄傲就要来支配我们的孩子了。说到底，骄傲本身没有我们想象的那么可怕，但是前提是作为一个学习者要对此给予重视。我们是否应该教会我们的孩子反省自己的所作所为，真正为自己从事的学习、生活负责呢？自古骄兵必败，我们知道的很多历史故事都把这个道理讲得很通透，比如纸上谈兵、败走麦城、二桃杀三士……

2. 你的典故储备

没有哪个孩子喜欢你单调的说教，也许他也不耐烦听你的老套故事，但是你还是应该准备一些有关“骄傲误人”的话题典故，以便“信手拈来”。

3. 旁敲侧击，告诉孩子你的态度

发现你的孩子有了骄傲的倾向，不要觉得这是糟糕透顶的事情，最好旁敲侧击地将你的态度告诉孩子。比如告诉孩子你自己的一些经历，遇到过的一些骄傲的家伙以及自己对那种人的评价，但不是诋毁。

成长实用智慧

我们所看到的很多天才、神童，都是在某一方面有浓厚兴趣，并有这方面特长的人。当他们对某一问题产生强烈的兴趣后，就会集中精力钻研下去。

第三十二件事
唤起孩子的学习兴趣

学习兴趣是推动孩子学习活动的一种动力，它不是自然而然形成的，需要父母给予培养，孩子如果没有学习兴趣，任何好的学习条件对他来说都形同虚设；一旦有了兴趣，不用催促，他也会全力以赴认真学习。有一个故事说得很有意思：有个印第安人和他的朋友走在闹市区，车来人往穿梭不停。印第安人是以捕蟋蟀为生的穷人，靠捉蟋蟀卖钱来糊口。突然，印第安人停下脚步，大叫：“我听见一只蟋蟀在叫！”他朋友对他说：“你发神经，不可能！”印第安人认真地回答：“不！我听到了蟋蟀在叫，没错！”朋友肯定地说：“现在正在中午，人那么多，汽车喇叭声此起彼伏，你不可能听见蟋蟀叫。”

印第安人并不理睬，独自穿过马路，果然在小灌木丛中发现了一只蟋蟀，他的朋友惊叹不已。印第安人说：“其实，我的耳朵和你的并没有什么两样，我只是用心去听罢了。”说完，印第安人又做了个实验，他将一把硬币丢在了水泥路上，半条街的人都随即转过头来。印第安人笑着对朋友说：“兄弟，现在你相信了吧，关键看你是不是用心去听。”

这个故事告诉我们，只要是孩子感兴趣的，他们自然就会提高注意力。因此转变学习态度，首先是培养兴趣。教育的进程不能颠倒，学习的条件和动力也不能倒置。为父母者，心要细，气要顺，手要慢，激发孩子的学习兴趣，孩子自己当然也要千方百计地努力去培养自己对于学习的兴趣。

培养孩子学习兴趣的一种有效方法就是兴趣迁移。玩游戏机的孩子可以专注得废寝忘食；打篮球的孩子，可以在操场拼个“你死我活”；短信娱乐的孩子可以按得手指麻木……这么耗费体力和脑力的活动，孩子们为什么会乐此不疲呢？就是因为兴趣使然。如果将这种执着进取的精神用于学习，将会产生多大的动力啊！

可是有些孩子偏偏就对学习无法提起兴趣，家长心急如焚，孩子自己也苦恼万分。其实大可不必如此紧张，学习的兴趣完全可以慢慢培养起来。先从孩子有兴趣的地方开始：健康活动、体育运动、棋类活动、唱歌跳舞、绘画表演都可以。磨刀不误砍柴工，花点时间，培养兴趣，这个培养兴趣的过程就是一个人成长的过程，其间的方法或许可以以此类推到学习中去。

因此对于孩子学习以外的某些娱乐的兴趣，家长千万不要一味去扼杀，而要正确引导，并逐步引导到学习兴趣上来。同样的精力，同样的劳累，同样的拼搏，许多娱乐与学习产生兴趣的要素是相同的，都会使人兴奋，都会获得成功的快感。可是孩子对学习的兴趣为何始终不如对娱乐的兴趣那么高呢？一个很重要的原因是我们的孩子过早地进入紧张学习的状态，造成了提前兴奋，从而对兴奋的持续性产生了抑制，无聊、厌倦的情绪一股脑儿向他们涌来，纵然他们主观想努力，客观上也提不起兴致。

倘若孩子家长不再唯考分是从，适当减轻一些压力，或许孩子们有朝一日能感觉到，在其他活动中的兴趣在学习中同样可以寻找到，那么自然而然就被引导到学习中来了。

即使孩子对于活动的兴趣最终无法迁移过来，但如果他在某一项活动中，兴趣十足，表现突出，说不定也会产生意想不到的成绩，所谓

“三百六十行，行行出状元”说的正是这个意思。

孩子的学习，兴趣开发永远应该放在第一位，兴趣永远是最好的老师。那么，如何培养男孩的学习兴趣呢？

1.珍视孩子的好奇心

对孩子的好奇心、兴趣和才能，一不推，二不捧。有些父母对孩子提出的许多问题缺乏耐心，往往采取回避或粗暴的态度：“去去去！没看见我正忙着吗？就你问题多！”这种粗暴的做法就是推，它把孩子的求知欲望摧毁了。对子女的好奇心和兴趣、才能要热情鼓励，给予支持，但不能捧，尤其不能把孩子的才能当作家庭的小摆设，在大庭广众、亲戚朋友中炫耀、吹捧，那样会使孩子沾沾自喜，以致误了孩子终身。

2.明确学习目的

目的和兴趣都是需要的表现形式，它们之间有着十分密切的关系。孩子对某一事物认识的目的越明确、具体，对该事物的兴趣就越大。仅仅由某事物或现象的生动性或趣味性引起的儿童兴趣是肤浅的，而由明确的学习目的支持的学习兴趣，才是深刻的、稳定的和持久的。在小孩子的课程范围内，有些知识是相当枯燥的，比如数学中的某些知识，它们很难以其本身的生动性引起孩子的兴趣，但是，如果家长能向孩子说明这些知识在生活中的作用，并启发或带着孩子去亲身体验，让孩子明确学习目的，孩子可能会乐于学习这些知识。

3.帮助积累知识

假如说一个孩子对某方面的知识发生兴趣，那就是说，他必然是已经接触了这方面知识，并且有所体验，感觉到它的乐趣。如果一个孩子在这方面的知识是零，那么，他说对它有兴趣，则只不过是一句空话，是没有根基的，不可靠的。知识的积累有助于孩子学习兴趣的发展，例如，阅读兴趣，需要以识字为基础，识字越多，可读的书的类别越多，范围就越大；学习历史，知道的历史事件、历史现象越多，对历史的兴趣可能越浓，参观历史博物馆将能帮助孩子积累这方面的知识。

成长实用智慧

人类在从事各种实践活动时，并不像动物那样消极被动地顺应环境，成为自然的奴隶，而是积极主动地改造世界，成为社会的主人。也就是说，大多数人在进行多数活动之前，总要先考虑做什么、怎样做，然后有计划、有选择地开始行动，达到目的。

第三十三件事
让孩子有学习的毅力

毅力是指在明确学习目的的情况下，克服和排除学习中的内外困难和干扰，以顽强的意志完成学习任务的品质。当孩子具有这种品质以后，他们就不会因一时的困难而气馁，也不会因内外干扰而分心。人的认识活动充满了各种各样的困难，人的意志总是与克服各种困难相联系，并在有目的的行动中表现出来。爱因斯坦说："优秀的性格和钢铁般的意志比智慧和博学更为重要。"在日本，人们推崇所谓"忍术"，并且有一种忍术的修行法，其中有一个训练跳高的方法："种下大麻，使其生长，每天在它上面跳越。"日本著名教育家铃木认为这是培养非凡能力的好方法，值得采用。

大麻时时刻刻在生长着。如果每天都在大麻上跳越的话，自己的跳越能力也在逐日提高。随大麻的生长而每天练习跳越的人就会轻而易举地、自然而然地跳越过去。由此可见，悲叹自己无能的人是多么无知啊！

"能力，只有通过努力才能掌握，只有通过反复做才能熟练掌握"，这是铃木的自戒。

有一次，铃木把自己说的"生命在音乐中无形地成长"这句话写在了1500张诗笺上，准备把它送给学生们。铃木利用晚睡或早起的时间去写，有人说："你这样做太辛苦了。"但是对于铃木来说，这样做，不但不辛苦，反而感到很高兴。既然写就要写好。每写一张，他的嘴里就不断嘟哝着：写得再好点，写得再好点。

对于不是书法家的铃木来说，写好字是相当难的。尽管这样，每当写好一张，他就增加了一份信心和力量，终于写得越来越漂亮了。同是一张诗笺，但字写得一张比一张好，这确实是难以形容的反复做的妙趣啊！

孩子即使有什么短处，也不要把它视为天生的而放任不管，应该经常进行练习，最多用十年的时间就可以把其短处变为长处。

对此，多数人都经历过。可以说，任何事情的成功与否是与能不能坚持干到底有关的。毅力也是能力，所以必须加强培养。那么怎样培养才好呢？

首先下决心开始后，要忍耐一段时间。值得注意的是，最初的这种忍耐是决定自己命运的。这是因为继续忍耐一段时间，必要的毅力就会产生出来，做事情也就相应容易多了。这就好像一粒树种子埋进土里，很难出土发芽。虽然肉眼看不见，但从埋进土里的那时起，种子就开始变化，做发芽的准备。幼芽终于破土而出了，它孕育着向上的喜悦和生长的快乐。幼芽渐渐长大了，与此同时，幼芽的根开始在土里生长。这根就是促进树生长的力（以人而言，促进能力发展的根源），即所谓根气。幼芽渐渐发育，茁壮成长，形成树的状态，与此成比例的根部也渐渐粗壮起来。因而可以说，这种根气作为人的毅力是促进人们干到底的法宝。另外父母还可从以下几个方面入手：

1. 教育孩子从小立志

教育孩子从小立志，“伟大的目的产生伟大的毅力”“坚强的意志源于崇高的理想”。家长可用古今中外科学家献身科学的志向与坚忍不拔，终至成功的事迹去教育孩子，例如，我国著名桥梁专家茅以升，一生献身于桥梁事业，与他从小受到的教育是分不开的。

南京秦淮河上有一座文德桥，有一年端午节游人为争看龙舟竞赛把桥挤塌了，许多人掉到了桥下，有些孩子淹死了。事后，家人带茅以升观看倒塌的文德桥，茅以升小小的心灵受到很大的震撼，从那时起，他就立志要造坚固耐用的大桥，也由此增长了他热爱科学、关心社会的崇高理想。

居里夫人为了提炼新元素，花了二十多年时间，做了一千多次试验，仅实验废物就达上千吨，最后终于炼出了镭；焦耳没有上过学，他的知识全靠自学获得，为了证明热是能的一种形式，他使用种种方法，做了四百多种试验，历经了无数次的失败，最后终于获得了热能的大量的数值；数学家阿基米德在罗马士兵沾满鲜血的利剑面前，临死还高喊："不要动我的几何图！"

要让孩子懂得马克思的名言："在科学的道路上，没有平坦的大道，只有不畏劳苦、沿着崎岖山路攀登的人，才有希望到达光辉的顶点。"同时还要使孩子意识到个人的学习与社会进步的关系，从而使他们产生学习的社会责任感。为了贴近孩子的实际，还可以用同龄人的榜样来教育孩子，如某某孩子克服困难获得成功的事例，让孩子看得见，摸得着，可学习。

2. 鼓励孩子不断克服困难

人的意志不是天生的，而是在生产、生活的实践中，通过不断克服困难发展起来的，困难是培养孩子毅力的磨刀石。孩子学习上的毅力，也是在具体的学习活动过程中通过克服困难形成的。

有家长说：我要求孩子一年级总分在班级进入前十名，二年级进入前八名，六年级时要进入全年级前十名，设立这样的目标，让孩子一步一步地去实现，这个过程就培养了孩子的毅力。这样的做法是不正确的，它有两个方面，一是这些目标是否切合孩子的实际？是否属于经过努力就能达到的？如果孩子不能达到这些目标，遇到的全是失败，毅力从何而来？二是总分的前几名，排第几位，受各种因素制约，本身就不是一个科学的目标。

正确的做法是，从具体问题入手，当孩子在学习上遇到困难时，不断地给予他意志与情感的鼓励，"我知道，这道题你一定能够做出来""不要怕，只要深入思考，你就能做出这道题”，让孩子从亲身的意志行为中尝到快乐。家长还可根据孩子特点，有意地设置一些困难，如让他跳一跳摘果子，激发他尽力跳起，从而培养战胜困难的毅力。

成长实用智慧

授之以鱼不如授之以渔。教会学习方法，比仅传授知识重要得多。要告诉他们学习是终身的事，活到老，学到老，把学习当作生活中不可缺少的一部分，并从学习中获得无穷的乐趣，做一个真正的现代人。

第三十四件事
教育孩子掌握学习规律

指导孩子提高学习成绩，最重要的不在于帮助孩子解一道题、写一篇文章，而在于引导孩子掌握科学高效的学习方法和学习规律。“授之以鱼，不如授之以渔”。孩子一旦掌握了学习规律并且找到适合自身实际的有效的学习方法，对于他们学习的成功和未来的成才，都有着极其深远的意义。

一、让孩子告别学习无规律的坏习惯

2000年高考时，山东省蓬莱市某所中学出现了这样一种有趣的现象：一位平时学习十分勤奋、被老师和同学誉为“拼命三郎”的苏志恒同学以3分之差名落孙山，而另一位平时表现不那么刻苦，甚至有些贪玩的刘亚飞同学，却以超出录取分数线80多分的好成绩，被清华大学录取。

这是为什么？“拼命三郎”为何榜上无名，而“贪玩小子”却跨进了名牌大学的校门？难道是命运在捉弄人？不是，这两位同学的任课老师一致指出，苏志恒同学虽然刻苦用功，但不注重掌握正确而有效的学习方法，是一种“死”学；而刘亚飞在学习各门功课时，很注意采用适合自身的高效的学习方法，所以平时的学习就显得很轻松，虽然没有苏志恒的“拼命”样子，但每次考试成绩都排在苏志恒之前，所以一举考入清华便是很自然的了。

已于2000年考入北大光华学院的某省的一位高考文科状元深有体会：“勤奋不等于死读书，而是应该去寻找适合自己的灵活的学习方法。”

这位同学很勤奋，但他更重视正确的学习方法。他爱玩，但更会学，无论是上课还是自习，他都集中注意力，专心致志，不受干扰，讲究方法，提高效率，所以他成功了。

一天，小学生李积奇找到父亲：“爸爸，这道题怎么做？”

父亲一看，是道工程题：“有一条马路，甲队15天修完，乙队12天修完，现在甲队修了5天后由乙队修，问两队总共多少天修完？”

父亲按题意一步步写出了算式，每写一步，就说一句，积奇听后“嗯”了一声。等父亲写完算式，积奇高高兴兴地往本子上一抄，作业就完成了。可是，问题很快就发生了。积奇几天前问父亲的同类习题他又不会了。这是怎么回事？后来父亲才明白：对于一道题，把答案直接告诉孩子，孩子并没有经过一个思维的过程，他接受的只是现成结论，并没有真正理解，所以印象不深，记不住，也不巩固。所以，应该设法让孩子掌握学习方法。于是，父亲改变了辅导方式。比如算术题，积奇的父亲采用反问法，启发孩子思考，让孩子自己回答。孩子光“嗯”一声不行，还要讲出道理来。问题则逐渐向结果靠近，直至最后孩子自己豁然开朗，明白了解法，并且能够自己列出算式。李积奇的父亲这么做，看起来为一道题好像费了不少时间，实际上很经济。它培养了孩子的学习能力，也使孩子掌握了解决问题的思路。

美国哈佛大学心理学院“学习方法”研究课题组公布的一项研究成果表明：学习成绩的提高不仅需要热情、勤奋、毅力和坚强的意志力，而且更需要有正确的学习方法。该项研究成果指出：学习水平与学习方法有着密切的关系。在影响学生学习成绩的20个因素中，学习方法居第3位！学习优秀生与后进生在学习方法方面的差异非常显著，即后者在学习方法的掌握和运用水平上明显落后于前者。此项研究成果还表明：超常学生在学习能力和学习成绩方面之所以优于其他学生，主要是由于他们更善于运用各种学习方法，更善于调节、控制自己的心理状态，并能及时发现和纠正自己不正确的学习方法。

好成就源自好方法，爸爸妈妈的重要职责之一，就是帮助孩子掌握科学的学习方法。科学的学习方法要求孩子首先要明确学习目标。

有目标才能有动力，明确的学习目标，是引导孩子学出好成绩的前提条件。美国近代心理学家布鲁纳说过："使学生对一个学科有兴趣的最好方法，是使他感到这个学科值得学习。"因此，爸爸妈妈要教育孩子明确学习目标，使他们认识到：今天的学习不仅是为了掌握一门知识，更重要的是为了发展自己的智力，培养自己的能力。我们每个人心中都应该有一个不断追求的新的目标。为了实现这个目标，我们才会去努力学习。所以说，教育孩子确立自己的奋斗目标，是爸爸妈妈帮助孩子提高学习成绩的首要任务。

科学的学习方法还要求孩子制订明确的学习计划。大多数孩子在制定了学习目标后，却不知道如何去具体实现。因此，爸爸妈妈帮助或指导孩子制订具体的实现目标的计划和行动方案就显得十分重要了。

制订计划也是培养孩子素质与能力的重要一环。在制订自己的计划过程中，孩子才会真正体会到自己的能力水平，才能全面考虑目标实现过程中会遇到的各种问题，也才能使自己的全盘统筹和宏观、微观调控的能力得到很好的锻炼。

帮助孩子确立目标和制订计划都必须是合乎实际的，脱离孩子的具体情况要求他去追求完美或者追求一个根本不可能的目标都是不可取的。只有那些通过一定的努力就能实现的目标和孩子自己愿意照着做的计划才是科学的、合理的、可行的。

除上述两个方面外，帮助孩子掌握正确的学习方法，还具体包括如何用心听课，及时复习，以及记忆、思考、阅读、演算等方法。

正确地掌握学习规律并应用科学的学习方法是孩子通往学习成功的“金桥”。每个爸爸妈妈都应在具体方法上有效地帮助孩子，而不应只是一味简单地督促孩子“勤奋学习”。

二、提高学习效率

学习效率不高大多因学习方法不当。父母要矫正孩子学习效率不高的缺点，应从学习方法上给孩子多加指导，只给孩子压力是不行的。

胡雪是六年级学生，他学习的刻苦用功劲儿，全班没有谁能和他相比，大家给他取了个“学习机器”的外号。他在课堂上认真听讲，课后认真完成作业自不必说，据和他同班的男生说，他几乎不会放过任何看书的时间，就连吃饭、走路、上厕所等，也在用功看书。班主任每每训斥那些不认真学习的同学时，总会拿他当训导的武器：“你要是有胡雪同学十分之一的学习劲头，我保证你能考上北京大学。”谁只要看一眼他鼻梁上的那副像酒瓶底儿一样的眼镜，立即就会明白“书虫”是个什么样子了。然而，他的学习成绩却很一般。

胡雪的症结就在于学习效率不高，虽然功夫下得很多，但结果却是事倍功半。这样的问题在许多孩子身上都或多或少存在着。面对这样的孩子，许多家长非常为难，不知道该怎么办才好。孩子已经很用功了，再抱怨孩子于心不忍，而孩子自己肯定比谁都更着急。通常说来，学习成绩最好的学生往往不是那些学习最用功的学生，而是那些摸索出了一套最佳的学习方法、学习效率高的学生。

父母怎样才能帮助孩子提高学习效率呢？

1. 不要让孩子一刻不停地扑在学习上

学习时间长并不等于效果好，要提高学习效率，就要了解孩子的学习心理规律，处理好学与玩的关系。我们常看到家长抱着“望子成龙”的心理，送孩子去上各种各样的学习班，孩子们几乎没有时间玩。这无疑是“强摁着牛头让牛喝水”。有很多孩子天资聪颖，家长觉得光在学校学习还不够，又给他们报了英语、作文、电子琴、钢琴、绘画甚至围棋等学习班，结果让孩子患了多动症，需要进行心理治疗。所以，过重的学习负担不仅不会提高孩子的学习成绩，反而会造成孩子的心理障碍，影响孩子的学习。

2. 让孩子在玩耍、娱乐中学习

大多数家长一看到孩子在玩，就很不高兴。他们不但要孩子按时完成学校布置的作业，更希望孩子能自觉地多学习更多的东西。殊不知，爱玩是孩子的天性。据心理学家研究发现，在孩子心理发展的过程中，游戏是一个不可或缺的重要内容。孩子的语言能力、归纳概括能力和抽象思维能力等，在游戏中能够得到迅速提高。许多孩子虽然认字和算术能力不错，但由于缺乏充分的游戏训练，他们的自然常识和社会常识都比较少，从而缩小了他们的智力活动范围，他们的灵活性和自理能力都不会强。这些缺点在他们上学后就体现得更加明显。因此，家长不要一厢情愿地向孩子“灌”知识，把孩子变成被动接受知识的“机器”，而要根据孩子的心理发育规律，因势利导，因材施教，让孩子在游戏中愉快地学习，孩子的学习效率也就能自然而然地得到提高。

成长实用智慧

现在的家长经常有意识地培养孩子的创新意识，这是社会的进步。但是千万别把一切逆反的思维都当成是灵感，一旦孩子形成反常的思维方式是很难纠正的。

第三十五件事
科学的方法比死记更重要

许多孩子不快乐的原因在于虽然刻苦学习了，却收效不佳。要想让孩子学得更快、更好、更高兴，光靠“时间＋汗水”是很不够的，更重要的在于帮助孩子掌握科学的学习方法。中国有句关于治学的名言不知影响了多少莘莘学子，即“书山有路勤为径，学海无涯苦作舟”。千百年来，中国的父母无不教育自己的孩子从小要勤学苦练，似乎唯有“勤学苦练”才能成才。但是，在知识大爆炸的今天，孩子要学习好，且要在异常激烈的竞争中取胜，光靠“勤”和“苦”是远远不够的，最关键的是要帮助孩子学会正确、高效地学习。

一、引导孩子进入自主性学习的轨道

诺贝尔物理学奖获得者丁肇中教授曾经说过：一个学生如果只会死啃书本，应付考试，那他所得的知识是极其有限的，很可能只是重复前人所掌握的东西。托尔斯泰也尖锐地指出：如果学生在学校里学习的结果是使自己什么也不会创造，那他的一生将永远是模仿和抄袭。

当孩子面对新的问题时，如果能和已有的知识建立起联系，会让解题过程变得更轻松。考试的真正目的，也正是为了让孩子自如运用已有的知识，来解决新的问题。然而，联系已有知识的关键在于一个字——活，如果用得过于死板，反而会起到不好的效果。

现代汉语的语法分析体系是从西方套用来的，这就是说我们使用着中国语言，而衡量这种语言的标准却是西方的。这套不合体的标准，却在语文课上被老师津津乐道。而实际上，我们更应当从整体上去把握中国语言，把握语言的整体特征，不能强求每个孩子都成为语言学家、逻辑学家。

正是语法体系的错位，使得我们的语言审美也出现了问题。譬如《明湖居听书》中的一句："那双眼睛，如秋水，如寒星，如宝珠，如白水银里养着两丸黑水银。"我们一定会说这一句很美。然而，有孩子就模仿，写《我的同桌》："她的头发像黑色的瀑布，眼睛像夜明珠，鼻子像大理石，嘴像一条小船，脸盘子像十五的月亮……"当所有这些比喻拼凑到一起时，就出现了一个极恐怖的形象，还不如直接说一句"我的同桌很美"来得实在。

这就是刻板套用已有的知识，这种毛病还不止出现在文科中，理科一样存在着类似问题，例如用错了公式和定理。这种刻板的套用，归根结底，还是孩子对知识掌握得不够深入，仅仅凭借一些表面印象来运用，并没有真正理解。

高钢把9岁的儿子带到美国，就像是把自己最心爱的东西交给了一个并不信任的人去保管，终日忧心忡忡。孩子可以在课堂上放声大笑，每天最少让孩子玩两个小时，下午不到三点就放学回家，最让父亲开眼界的是根本没有教科书。

一个学期过去，父亲把儿子叫到面前，问他美国学校给他最深的印象是什么，孩子笑着说了一句美国英语："自由！"这两个字像砖头一样，拍在老爸的脑门上。不知不觉一年过去了，儿子的英语长进不少，放学之后也不直接回家了，而是常去图书馆，不时就背回一大书包的书来。问他一次借这么多书干什么，他一边看着那些借来的书一边打着电脑，头也不抬地说："做作业。"

这叫作业吗？一看儿子打在计算机屏幕上的标题，父亲真有些哭笑不得——《中国的昨天和今天》，这样天大的题目，即便是博士，敢去作吗？于是乎他严声厉色，问是谁的主意。儿子坦然相告："老师说美国是移民国家，让每个同学写一篇介绍自己祖先生活的国度的文章。要求概括这个国家的历史、地理、文化，分析它与美国的不同，说明自己的看法。"

父亲听了，连叹息的力气也没有了，真不知道让一个只有几岁的孩子去运作这样一个连成年人也未必能干的工程，会是一种什么结果？他只觉得，一个孩子如果被教育得不知天高地厚，以后恐怕是连吃饭的本事也没有了。

过了几天，儿子完成了这篇作业。没想到，打印出的竟是一本20多页的小册子。从九曲黄河到象形文字，从丝绸之路到五星红旗……热热闹闹。父亲没有赞扬，也没评判，因为自己也有点发蒙，一是他看到儿子把这篇文章分出了章与节，二是在文章最后列出了参考书目。这是父亲本人在读研究生之后，才开始运用的写作方式，那时，他已经30岁了。

在这个例子中我们看到，一个不到10岁的孩子，就能处理大量资料，并进行分类整理、编纂成书。最初是对资料的搜集和筛选，然后是把选好的内容按照一定逻辑关系连接起来，最后再从文字上通一遍，配图，排版，打印。分章分节本身就体现出了逻辑的递进关系，而列出参考书目，则显示出了严谨的治学态度。在整个过程中，找资料并不难，难的是在各种资料之间建立联系，把散乱的点连缀成篇。有了这种能力，任何复杂的综合应用题就都能迎刃而解了。对家长来说，让你的孩子获得这样的能力，其实并不难。

1．让孩子找联系

对于孩子学习上的难点，家长可以让他寻找各种关联内容，或者在内容上有一定的逻辑关系，或者在规律上有一定的相似之处。这样有助于孩子加强知识间的横向联结，提高综合应用的能力。

2．让孩子独立制作知识结构网络图

家长可以让孩子把某一科目的知识，都用图表的形式联结起来，体现出相互间的关系。这能让分散的知识在孩子的头脑中形成一个整体，尤其在自己动手总结的过程中，孩子可以更深入地理解。

3．遇到难题时，引导孩子回忆相关知识

当孩子在难题面前“卡壳”时，父母可以引导他回忆以前学过的相关知识，努力寻找相互间的联系。可以把难题分为几部分，每部分都用相应的知识解决。这同时也是对旧知识的一次复习。

二、教孩子善于运用工具书

应该说，工具的发明，是人类智慧的体现，是劳动与创造的结晶。人类之所以高于任何其他动物，正是因为人类在劳动、学习、生活中，能够运用思维与知识，创造发明工具。这些人类发明的工具中，除了交通工具，还有千百年来人们发明制造的生产工具、学习工具。在用于学习的工具中，每个孩子都要接触和使用的，便是工具书——学习中可以当作工具来使用的一种书。

工具书非常多，如语文方面，便有《新华字典》《现代汉语词典》《成语词典》和更丰富、更完善的《汉语成语大词典》等，这些工具书，都是我们学习相关知识时不可或缺的工具，就像我们出门要乘车，上天要乘飞机，过河要乘船一样。每一本工具书，都是这一类相关知识的高度总结和具体阐释，并教导人如何运用这些知识。如上面所举的几种字典、词典，就集中了语言文字与文学方面的字、词、音、义和相关知识、成语典故、历史、文学等。在学习中遇到相关疑难，只要打开它们，便会得到专家、学者、教师们百问不厌的帮助、讲解，让人在工具书的帮助下，解惑释疑，完成作业，增长知识。

学习最忌讳的一种坏习惯，是孩子对学习中的问题似是而非，一时不懂，又不愿凭借工具书仔细弄懂。结果不是一时不懂，而是一世不懂，以致在学习与生活中话说错了，字读错了，意会错了还全然不知。比如有的人，对于“恶”“好”“为”这些一字两音、两意，甚至多音多意的字，总是搞不准确，老把“凶恶”与“可恶”不分，把“很好”与“喜好”不分，把“为了”与“作为”不分等。其实，这些都是很容易解决的问题，只要打开工具书，就都会让人明明白白，可不少孩子就是养不成查阅工具书的好习惯。有学者们认为，从某种意义上说，知识就是知道怎样去学习，怎样去查找，怎样去运用工具书。能正确、熟练地使用工具书，知道自己所需要学习的东西在哪里，这就是知识。专家、学者、科学家能够从无到有地发明、创造出机器、车辆、飞机、轮船、科学仪器和各种工具书，而我们如果连使用都不会，都不愿学的话，那岂不是辜负了这些人类的宝贵财富？

打开《现代汉语词典》，便打开了现代汉语的知识宝库。从小学到大学，再到今后的工作与长期学习中，它都能成为我们最忠实的老师和帮手。只要你养成了查阅它的习惯，有事要查，无事也查，那么，天长日久，积累下来，人的相关知识就会日渐丰富，用之不完。一本《汉语成语大词典》，是近40名语言学家毕生所学的专业知识的大成。它收录、列举、阐释了古今所用的17万条常见成语及其变体，并包括古今常用的俗语和谚语。这本词典的知识性、科学性、实用性，对我们学习、使用汉语词汇进行交流、表达、写作都是极有帮助的，关键在于你是否有使用即查阅它的习惯。

应该说，要拥有必需的工具书并不难，难的是是否养成了查阅它、使用它的习惯。记住，工具必须使用，否则它便会失去价值。作为父母，应该做到以下几点：

1. 让孩子自己查阅工具书

可以肯定地说，任何一个孩子在学习中都会碰到这样那样的疑难问题，如果是在家长身边，也许很多家长乐于解答，以为这就是在帮助孩子学习。但作为家长，首先要看看孩子遇到的疑难问题属于哪一类，凡是通过查阅工具书能够解决的，家长一定不要代劳，让孩子自己查阅工具书。这有三个好处：一是培养独立自学能力；二是不养成依赖性；三是形成查阅、使用工具书的良好习惯。

2. 为孩子准备工具书以外的相关学习资料和参考书

帮助孩子丰富知识，并在独立的自学中扩充课本以外的相关知识，养成查阅工具书和相关资料的习惯，就是对孩子一生最好的学习指导。应该明白，一个人仅凭记忆要记住太多的东西实在太难，但查书是不难的，只要知道自己所需要的东西在哪里能够找到，这就可以了。做学问、搞写作、从事科研工作，光凭模糊的记忆是不行的，记忆有时似是而非，并不可靠，只有查阅资料方可准确无误。

3. 告诉孩子别轻信记忆

记忆有时会出错，有时会张冠李戴，有时会是假象，没有谁没被记忆欺骗过。所以，要告诉孩子别轻信记忆，尤其是生活中久远的东西，知识性的东西，需要准确与精确的东西都要查看工具书以确保无误。

成长实用智慧

孩子们经常会有一些奇妙的想法，新奇的创意，他们的思维不是亦步亦趋的，而是跳跃的。这是好事，孩子们的这些想法说不定将来就是一项项小发明呢！

第八章

孩子要懂得劳逸结合

如何提高学习效率？最重要的一条就是劳逸结合。学习效率的提高最需要的是清醒敏捷的头脑，所以适当的休息、娱乐不仅仅是有好处的，更是必要的，是提高各项学习效率的基础。

第三十六件事 孩子要学会科学休息

现在的孩子，作业负担越来越重，学习压力越来越大，尽管每天都嚷着要减轻孩子的负担，可是效果并不明显，至少现在还没做到。在学习压力增大的同时，孩子们的学习质量是否提高了呢？并没有，为什么呢？道理很简单，就是没有很好的清醒的头脑，怎么可能提高学习效率呢？为此，我们提出让家长教会自己的孩子学会休息，学会如何有效地休息。

一、娱乐学习两不误

教育学家很早就教育我们“要玩就玩个痛快，要学就学个踏实”，可见娱乐并不是我们应该嗤之以鼻的。而学习时想娱乐，娱乐时担心学习的状态却是最不可取的，这样的孩子永远在焦虑不安中过日子。休息娱乐是人的天性，也是一种自然的生理需求，没有什么不正常，所以凡有娱乐玩耍的机会，大多数孩子都不会放过。可有些孩子在娱乐之际，还念念不忘没有完成的作业、没有看完的书，这样还有什么心情玩乐呢？当他们回到书桌前想要学习时，又开始憧憬玩乐时的场景，浮想联翩，不能自持……这种娱乐学习都耽误的状态，最不利于一个人的健康发展。

娱乐时要尽兴，当然只应局限在休息时间，让他们全身心投入，把这段时间毫无保留地交给娱乐，让孩子尽情享受娱乐所带来的乐趣，无形之中还可以培养他们对待一件事情的执着。大凡学习不认真的孩子，娱乐时也不会特别认真，无论做哪件事，他们都是那么漫不经心，长此以往，形成了一种什么都无所谓的生活状态。为了激发他们对学习的热情，不妨从娱乐活动开始，利用娱乐的趣味性趁势培养执着精神，让孩子学会全神贯注；利用竞技娱乐的竞争性，让孩子学会争强好胜，然后因势利导，将这种状态转移到学习中来，一定会有意想不到的收获。有一对父母很有意思，他们和那些整天把孩子关在屋里做功课的父母不一样，他们对孩子有一个规定：星期天一天都不许做功课，只许玩！也许一些父母会觉得奇怪：这样不耽误孩子的学习吗？

他们的孩子也的确争气，成绩在班里总是名列前茅。奥妙在哪儿呢？

这对"有意思"的父母对大家说："首先，玩是孩子的权利，是孩子的天性，如果不让孩子玩，实在太残酷，也剥夺了孩子正当的权利。其次，父母也很难做到完全控制孩子的玩。稍稍管松一点，他就会偷偷去玩，如果管严了，他就上课玩，做作业的时候玩，甚至躺在被窝里玩。再次，星期天让孩子玩一天，孩子就会自己主动在星期天之前把作业全部写完，这样第二天他才能痛痛快快地玩；他星期天玩够了，星期一上课的时候也不再想别的了，就踏踏实实学习了。"

这对父母之所以"有意思"就在于知道玩是儿童的权利，同时又能够"老谋深算"地给予孩子玩的机会。

有人会担心，让孩子尽情玩乐，他们会不会就此沉溺其中而不能自拔呢？我们身边已经有很多这样的先例，为了避免产生这样的恶果，父母仍然要对孩子的娱乐行为进行严格的把关。有位家长就透漏了他的经验，他每天回家先要摸一摸电视机，而电视机上的余热足以证明孩子又看过电视了。即使父母们用尽心机，一旦孩子离开了父母的视线，仍旧玩得热火朝天，除非实施监控，否则收效甚微。然而就算父母有效地杜绝了孩子的玩乐机会，结果又会怎样呢？由于无法娱乐，或是娱乐的时候不尽兴，一定会对学习造成负面的影响。如此看来，家长不如鼓励孩子去尽兴玩乐，但要约法三章：在规定的时间、有益的内容中去尽情娱乐。

二、解决大脑疲劳的方法

孩子在学习的过程中常常会遇到这样一种情况：虽然主观上非常想学习，可是大脑感觉非常疲倦，看书什么也记不住，这是为什么呢？

学习是一种复杂的脑力劳动，是一件非常艰苦的事情。人脑重量虽然只占体重的1/50，却要消耗整个人体所需氧气的1/4，在人脑中的血液流量占心脏血液输出量的1/5。如果持续用脑的时间过长，静坐太久，吸氧量及心脏血液送出量均会有所减少，供给脑子的氧气和血液不足，就会产生疲劳，表现为反应力下降，思考力减弱，注意力分散，记忆力减退，再重一些，就会头痛或昏昏欲睡。

疲劳是正常现象，是人休息、防止脑细胞过度耗损的信号，是一种保护性反应。经过休息，疲劳可以消除，对脑的健康没有影响。但有的人对于这个信号不予理睬，在疲劳时继续用脑，这样就可能发展到大脑过度疲劳。过度疲劳破坏了大脑皮层兴奋和抑制的平衡，造成脑功能失调，表现为神经功能紊乱，大脑反应迟钝，注意力很难集中，同时全身不舒服、头昏脑涨、食欲不振、睡眠不好，甚至导致某些疾病发生，如神经官能症、消化性溃疡、高血压等。一旦发展到过度疲劳，恢复正常就不太容易了，往往需要长时间的休息，这从时间上来看是非常得不偿失的事情。

那么，如何有效地防止大脑过度疲劳呢？其实任何事情看多了、干多了都会令人感到疲倦，如果不断地更换所看、所干东西的形式，给自己带来新鲜感，疲劳就能够得到一定程度的缓解。在这里，我们介绍几种方法来帮助家长防止孩子大脑过度疲劳。

1. 学习姿势的调整

人一般都是坐着读书、学习的。其实，有意识地更换读书、学习的姿态也是一种有效的调节。在教室坐着背书有一会儿了，不妨站在座位上或站在走廊里，也可以面对着广阔的天空背一会儿书；在家学习的时候，做数学题的时间太久了，有一些倦意，可以让孩子帮你去买香油或者做一些家务活，也可以去洗澡，一边洗澡一边进行思考；天气好的时候，也可以走出家门，到公园里去看会儿书。

2. 脑中内容的更换

大脑皮层具有兴奋与抑制两种状态，在集中注意力从事某种学习活动时，并非大脑的所有部分都参与，而是大脑与此有关的区域处于优势兴奋状态，其他区域则处于相对劣势兴奋状态或抑制状态。兴奋的区域在工作，逐渐产生疲劳，抑制的区域在休息，“以逸待劳”。如果适时改换用脑内容，转换大脑兴奋中心，使大脑的各个区域交替工作和休息，就可避免某一区域过度疲劳，延缓整个大脑的疲劳。另外，当看文科的东西感到疲倦的时候，可以适时转换为理科的内容，这样对大脑来说，又是一片新天地，又给了大脑一个新的兴奋点。

此外，要保证孩子每天都有一定的体育活动时间，从事各种锻炼。体育活动可以提高脑机能的灵活性，促进脑的发育，使脑得到很好的休息。切忌一天到晚伏案读书，大家耳熟能详的“头悬梁，锥刺股”的故事，精神可嘉，但大可不必如此，因为这种做法违反大脑活动的规律，不可能收到良好的效果。有的家长，就不懂得劳逸结合的学习方法，总觉得休息和锻炼耽误了孩子的学习时间，不愿意休息和锻炼。殊不知，休息和锻炼虽然占去了一点时间，却换来了清醒的头脑、充沛的精力和高度的学习效率，而如果不花时间去休息和锻炼，只会盲目地、一刻不停地使用大脑，到头来只会使大脑更加疲劳，降低学习效率，得不偿失。

有技巧休息，也是要讲求科学的，休息得不好、不对，只能对学习产生更大的副作用。在休息的过程中要遵守以下原则：

休息也需要有认真的态度。“劳”时要认真、集中精力，“逸”时也要痛痛快快、彻彻底底。虽然许多人休息的时间相等，但效果却大不一样，主要原因就是对待休息的态度不同。休息的时候，你要告诉孩子：现在是休息的时间，任何有关学习的事情都与你无关，你现在要做的就是让自己的大脑得到充分的休息。

你要在时间表上制定好休息和学习的时间，并且一定要严格遵守作息制度和时间表，非万不得已，不要“破例”。这样能更经济、更有效地利用休息时间。这条原则在假期中更要注意，有的孩子认为，假期可以完全放松，何时起床、何时睡觉完全凭兴趣，这样会给健康与学习都带来不良影响。假期是考验学习生活自觉性的好时期，在假期开始的时候，就要让孩子对自己的假期有个好的规划，既要休息得好，也要学习得好，只有这样，才可能有一个丰富多彩的假期，还可以培养良好的学习习惯。

成长实用智慧

休息时间应是“生物钟”的低潮时期。切忌在大脑最清醒的时候去休息，这样就无法充分利用大脑；在大脑最混沌的时候却用来学习，反而会严重影响学习效率。这样一来，休息和学习都给耽误了。休息的时候应该有节制，不要去挑战极限，这样才能真正达到消除疲劳、养精蓄锐、节省时间的目的。过度地锻炼，无止境地娱乐，就完全失去了休息的意义，也达不到休息的目的，这种休息只能让大脑更加疲劳。

第三十七件事
孩子学会给自己减减压

孩子们需要知识，需要学习。但是，船载超重舟易沉，心理负重压垮人。减轻孩子的学习负担，是社会上一直在讲的问题，但是，孩子的学习负担就是减不下来。我们再次向家长大声呼吁，请给孩子减减压吧！

一、我们的孩子，有点累

有一位父亲从挪威的奥斯陆市回国探亲，一次和朋友聊天，聊来聊去，聊到了孩子的教育问题上。

这位父亲介绍了挪威幼儿园的情况：

幼儿园每天早晨7时30分开门，下午5时才关门，恰好与上班族的上下班时间错开，刚开始这位父亲觉得挺好，可没几天，他就发现了问题。

一天，从幼儿园接回儿子，父亲问他：“今天在幼儿园，老师都教了些什么呀？”“嗯……”儿子歪着头想了一会儿，奶声奶气地说，“玩秋千，认识了好多小朋友，有黄头发的，也有黑头发的……”听了儿子的话，父亲气坏了：每个月交钱到幼儿园，难道只是让儿子去玩秋千？

晚上，他把这个想法对他的挪威邻居说了。

邻居感到十分惊讶：“那家幼儿园是个美丽的地方呀，孩子可以在那里爬树、爬山、在草地上打滚……我儿子至今仍对那里念念不忘。”

邻居又说了些什么，他根本听不进去，他决定亲自到幼儿园去看看，如果真像邻居所说的那样，只是让孩子疯玩，他就不打算再让儿子在那里上学了。

幼儿园的情形和邻居所说的基本相同。不同的是，幼儿园老师详细地向他讲解了不教孩子文化知识的原因：孩子们表面上看来，只是单纯地在玩，事实上却并不完全如此。幼儿园会按孩子大小分成两个部。每个部都会配备一名熟悉儿童心理、专门学习过儿童教育的幼儿教师，每个教师配备两名助手。开始玩耍前，老师会把孩子集中起来，告诉他们，今天要做什么事情，并让他们互相交流各自的想法，然后才去玩。

“孩子在玩中学到了各方面的知识，”老师对他说，“他们亲近了阳光和自然，明白了与伙伴交流合作的重要性……而且，在这游戏中，我们也会教一些文化知识和文明礼貌行为方式，只是，我们不会刻意地去和他们讲……”

听着听着，这位父亲的脸红了……

转过头再看看我们的孩子，不禁觉得我们的孩子3岁已会背二十几首唐诗，能从1完整地数到100，还在学画画和武术，真的替他们感到有点累……

二、孩子的压力有多大

下面是一位母亲的叙述：

我家Andy和所有学龄孩子一样，目前正值期末考试复习阶段，这次是全区统考，难免又是一场校与校之间、班级与班级之间、教师与教师之间的竞争。

Andy所在的小学应该算是屈指可数的好学校，要保持这个“好”，老师们背负了不少的压力，而这种压力往往就转嫁到孩子身上。保守一点估计，平常孩子每天都有超过两个半小时的家庭作业，更不用说期末考试复习阶段了。这个时候，先结束课程的技能课的课时必被挪用，就连体育课也时常被占，下午第三节下课也不能准时放学，不到万家灯火我见不到孩子的身影。我每天下班都到孩子学校附近等他一起回家，因为孩子没回家我心里总不踏实，等他，也为了防止孩子放学后和同学闲逛。常常是我在车内睡了一觉，才看到孩子背着大书包走出校门，孩子会说："妈，老师又留全班同学讲评作业和背诵了。"因为我的"尽职"，我的电话也成了其他家长寻找孩子的查寻电话，作为家长，我们又心疼又无奈：谁都不容易啊！

有一天，Andy说："我不想当中国人了！"我听了心里一惊："又说什么浑话！""我是说我不想当中国的学生了。当外国的小学生多好，他们都能在玩中快乐学习，而我们总要做那么多作业，没时间玩了。"孩子见我面露愠色，补充解释道。

我一时无语，因为我不知道要用怎样的措辞来向孩子解释这种教育现状才合适，在这样的教育大环境下，我有一种"人在屋檐下，不得不低头"的无奈！素质教育和减负的口号喊了多年，不是光打雷不下雨，就是雷声大雨点小，孩子说出这样的话，应该是当前这种教育的失败。说实话，因为Andy目前还不够大，否则我真想送他出国读书，只要他能快乐学习，将来学有所用。

Andy是个快乐的孩子，学习成绩虽不出类拔萃但也属于中上等水平，考得如何对他来说无所谓，这一点让我和他爸比较放心。他在老师眼里是个聪明而又具有探究精神的好学生，课上能积极与老师互动，喜欢无拘束地快乐学习。我也觉得小学无须布置大量的家庭作业，而是要培养孩子的学习兴趣，教会孩子好的学习方法。健康和快乐对于孩子才是最重要的，如果只是培养会考试的机器，今后对社会有什么用呢？

成长实用智慧

我们看到，很多孩子成了名副其实的“上班族”，除了上学校，还要在各种各样的培训班之间奔波，但效果却不十分明显。同时，过多地参加各种培训班，也减少了家长和子女间的交流机会。孩子上小学以后，和家长接触、亲近的机会大大减少。

第三十八件事
孩子合理地安排节假日活动

几乎所有的孩子都十分喜欢节假日，他们总是像盼星星、盼月亮似的盼望着节假日的到来。节假日是孩子重要的生命历程，节假日活动是对孩子学校生活的必要补充，对孩子的成长有着重要的影响。每一位家长都必须重视孩子节假日活动的安排，努力帮助孩子合理地安排节假日活动。

据有关的调查发现，青少年在节假日的犯罪率明显高于平时在校学习期间。有的老师惊异地发现，一个原来学习认真、遵守纪律的学生，在过了一个暑假后，变得经常迟到、旷课，学习成绩也急剧下降。与之相反，有的孩子不仅在校表现好，而且，节假日期间也积极参加健康有意义的活动。

有一个孩子在父母的帮助下利用节假日苦练书法艺术，五年级时利用春节这个时机为市民免费书写对联。还有一个孩子积极参加团市委关于向希望工程献爱心的活动，利用暑假带领同学拾易拉罐去卖，用其所得费用帮助失学儿童重返校园读书。同样是小孩子，同样是在节假日里，不同活动安排产生了两种不同结果。这不能不促使家长进行理性思考：节假日为什么会对孩子有这么大的影响呢？这是因为：

（1）在节假日里，孩子离开学校，离开教师，父母也放松了对孩子的要求和管理，加上孩子学习任务轻，压力小，自由支配时空大大增多，交往时空、对象复杂。

（2）节假日包括寒暑假和国庆节等重大节日，连续时间较长，约占全学年时间的1/4 在这么长的时间里，孩子离开学校，处于自由状态或家长的监护状态。由于孩子年龄小，正处于他律向自律过渡的阶段，自我制约能力、自我控制能力弱，容易受外界环境影响，可塑性特别大。所以，家长必须高度重视节假日孩子活动的安排，防微杜渐，积极引导孩子合理安排节假日活动，充分利用有利因素，变不利因素为有利因素，促进孩子健康成长。

那么，父母该怎样帮助孩子合理安排节假日活动呢？

一、让孩子走向自然、走向社会

家长在条件允许的情况下，应该利用节假日时间让孩子走向自然、走向社会。这对孩子成长将是大有裨益的，可以增长孩子的知识，开阔孩子的视野。因为孩子从小主要生活在以家庭为中心、以学校为半径的狭小封闭的环境中，知识面比较狭窄。让孩子走向大自然、走向社会，的确可以开阔孩子的眼界，丰富孩子的情感世界。鲁迅在《闰土》一文中就明确指出："世上无穷无尽的稀奇事，都是他们小少爷们不知道的，他们只能看见高墙上四角的天空。"这表明了少年鲁迅对大自然的向往、对知识的渴望。

大自然和社会是孩子们学习的大课堂。大自然和社会充满无穷的奥秘，是内容广博的无字之书，其中有许多知识都是书本中学不到的。徐霞客遍访名山大川，写出名著《徐霞客游记》；李时珍遍采名山药材，终于写出医药经典《本草纲目》；达尔文环球航行考察自然，写出闻名于世的《进化论》……俗话说"读万卷书、行万里路"，就是强调不仅要重视学习书本知识，也要重视走向自然界，参与社会实践。

让孩子走向大自然和社会是理论联系实际的有效途径。南宋大诗人陆游诗云："纸上得来终觉浅，绝知此事要躬行。"孩子在教室里能学到书本知识，要想使这些知识活起来，融会贯通，灵活应用，就必须用大量自然知识和社会经验来支撑。如孩子们对中国地理的认识，若仅仅是依据看地图、读书则是远远不够的，还必须通过实地参观考察，才能深刻体会。所以说，孩子走向社会和自然，可以使书本知识真正鲜活起来，化为有用知识。

二、重大节日的活动安排

节日总是与喜庆或具有重大纪念意义的事件相联系，它是孩子们喜欢和向往的日子。同时，节日具有巨大的教育价值。下面就重大节日的活动安排提几点建议。

（1）明确节日内涵，正确引导孩子过节。从民间传统节日看，春节、元宵节、端午节、中秋节等都有着不同寻常的来历，历史悠久，内涵丰富。端午节就是为了纪念爱国主义诗人屈原抱石投江的历史事件，表达人们对爱国、正直、无私等美好品质的向往和敬仰；中秋节反映了人们渴望家庭团聚、思念亲人的心态，涉及有关月亮的天文知识和人们赏月抒怀时所作的诗词歌赋等；元宵节涉及人们元宵之夜闹花灯的喜庆场面等。

从革命传统节日看，有国庆节、建军节等。1949年10月1日，中华人民共和国成立，因此，每年的10月1日就是国庆节。第一次国内革命战争时期，蒋介石阴谋叛变革命，1927年8月1日，共产党领导军队在南昌向国民党反动派打响了第一枪，建立了人民自己的子弟兵——红军。这就是八一建军节的由来。这些节日都是对孩子进行革命传统教育的好时机。

五一劳动节、三八妇女节、六一儿童节等节日都有着深刻的历史背景，分别体现了劳动者地位的确立、妇女地位的提高和对儿童的关心、爱护。

由此看来，这些节日都有着深刻的教育内涵，家长要在了解节假日的内涵的基础上，从孩子的年龄特点出发，由浅入深地向孩子渗透教育内容，在喜庆气氛中让孩子受到教育。

（2）充分尊重孩子的意见，合理安排节日活动。孩子虽小，但家长应重视孩子的意见，注意同孩子共同商量，安排好节日活动。要与其共同确定活动目标。每次活动都应有具体可行的目标要求，如过三八妇女节，要求孩子为母亲制作一份礼物，或为母亲做出一桌饭菜。必须注意的是，孩子应该参与目标制定。安排节日活动还应注意做到“小一点、近一点、趣一点、实一点”，让孩子在节日中留下难忘的印象。

成长实用智慧

在假日中应该让孩子参与伙伴活动，一起参与街道、居委会组织的少儿假日活动，一起下棋、打球、做作业、交谈、做游戏，培养孩子合群和善于交际的品行。当然，家长应注意帮助选择好的交往对象，引导孩子学习伙伴的优点，防止不良影响。

第三十九件事
提升男孩的动手能力

孩子的动手能力既是智力内容之一，又是开发、培养一个人总体智力，促进其他单项智力的教育方式。因此我们需要重新认识动手能力的培养，获得正确指导孩子的方法。

一、手眼协调

当孩子能用眼睛看到自己的双手时，你就会发现在孩子清醒时经常在玩自己的双手，两手在眼前握着，手指乱动，手会抓脸抓衣被，因此要在孩子睡着后用指甲刀轻轻剪去指甲，不让他把脸抓伤。千万不要用手套裹住孩子的双手，因为他要用手来学本领。

大人可在他手能够着处吊一个小球，拿着孩子的手去拍打吊着的球，使球前后晃动，引诱孩子再去拍它。孩子伸出手时有时会因位置不对而拍不到吊球，但练习多次后他就会调整手的位置和伸出的长度，逐渐拍到小球。拍中小球，这是手眼协调的结果。除了拍打吊起的球外，还可以一手竖抱孩子，另一只手提起孩子的一只手去碰房间里悬挂的一些物品，可以说一些话以提高孩子碰物的兴趣，碰一下讲一句，如“碰得高，碰得响，碰一碰，响一响，碰一碰，跳一跳。”可以轮流举起孩子的左右手碰物，当孩子有些经验后，可从被动与主动相结合，逐步过渡到主动碰物，为以后主动抓握物体打下基础。

二、培养孩子的动手能力

动手能力的培养对孩子的成长具有重要的意义，首先，手的操作可以直接促进视觉、触觉、动觉及感知觉的发展和相互间的协调。其次，孩子通过玩玩具及操作日常生活用品，可以掌握使用物体的方法。以后，孩子便会逐步地掌握成人使用工具的方法和经验。最后，孩子通过手的操作，能进一步认识同一类物体的共性，因而使知觉更加具有概括性，并为概括表象和概念的产生准备条件。

父母培养孩子的手巧，一般可从三个方面做起：

（1）指导孩子做手工。孩子小的时候先从简单的一步折纸学起，到3岁时可学2～3步的折纸，3岁开始学拿剪刀，先学剪纸条，后学剪图形，可以用纸条贴成链条或用方纸贴成花篮等，4～5岁可以剪更复杂的剪贴和图案。

（2）锻炼孩子自己动手的能力。培养孩子的自理能力需从日常生活做起，父母要刻意培养孩子自己倒水喝、用筷子吃饭、学习擦桌子、扫地、自己整理玩具、洗手绢等，既培养了手的技巧也锻炼了孩子的自理能力。

（3）从游戏中培养孩子的动手能力。顺应孩子喜欢动手的规律，拿来一些废纸让他撕，给他一些木头和棍子让他敲，买来蜡笔教他学画画，找一些不用的小瓶、小盒让他配盖，为他准备一些积木和自制拼图、橡皮泥、七巧板等玩具，使他动手又动脑。孩子在动手时学会了技巧和专心去解决问题的能力。

成长实用智慧

如果你的孩子看上去惯用右手，或者左右手都行，那就假定他今后要惯于使用右手，把玩具拴在童车上靠近右手的地方，而且在给他玩具、食物和勺子时，尽量使他偏向使用右手。但是，如果他一开始就偏爱使用左手，或者说，如果他坚持使用左手，那就最好别同他争辩、动手，让他按自己的意愿去做好了。

第四十件事
男孩要有玩的权利

爱因斯坦说：对于一切来说，只有热爱才是最好的老师。同理，玩是孩子的天性，是一种主动学习的态度。其实玩并不都是害人害己，与学习并不是势不两立的，如果处理得当，两者完全可以相辅相成。

身为小孩，没有谁不爱玩，对他们来说，玩是人生第一大事，要玩的话，最好是只有开始，没有结束；身为家长，没有谁不担心孩子太贪玩，虽然也承认爱玩是孩子的天性，但是他们更明白，自制力差也是孩子的通病。所以在假期到来的时候，孩子欢呼雀跃，玩得不亦乐乎，家长则忧虑重重，生怕孩子的玩心一旦放飞，就收不回来。孩子太贪玩，怎么办？下面是几位家长的不同做法：

1. 用诱人玩乐计划刺激孩子

和其他家庭还没放假就忙着与孩子一起制订假期学习计划不同，我们家是一放假就和孩子一起制订假期玩乐计划。根据孩子的提议，我们先定下每个周末的常规活动项目，这周玩转热带风暴、下周踏浪碧海金沙，下下周夜游锦江乐园……再加上孩子每天的娱乐，就构成了我们家的暑假玩乐计划书。但是，孩子想要100%地实现这些玩乐计划也不是那么容易的，他必须每天按时按量地完成一定的学习任务，并且通过我们的考核，才能够和我们一起周末游、长线游……

我们是从孩子四年级时，采用这种方式和孩子一起协调假期学习、玩乐关系的。第一年暑假，孩子没有按照要求按时按量地完成功课，我和孩子他妈就两个人出去旅游了，将孩子丢在姥姥家。回来后，我们拍的那些丰富多彩的照片深深刺激了他。之后的几个假期，不用我们多说，孩子就会自觉安排好每天的学习时间，然后和我们一起尽情玩乐。

我觉得我们家的这种模式是一种很不错的假期模式，这样既满足了孩子爱玩的天性，他又有了学习的动力。

2. 让儿子当我们的老师

小孩子就是喜欢玩，这个本来无可厚非，想想我们小时候，功课少，家里大人又都忙着工作，根本顾不上管我们，我们一帮子小孩玩起来才叫无法无天呢！现在的小孩子，可比我们辛苦多了，平常上学的时候还好，要是放了暑假，还不让玩得尽兴，我都觉得于心不忍。但是看看学校里留的暑期作业还真不少，我也不能让儿子把时间都花在玩上。让他自己约束自己肯定太难，我和老婆就动了些脑筋，把玩与学结合在一起，把儿子的学习也变成游戏。比如，我们有个角色扮演的游戏，让儿子当老师，我们几个大人当学生，白天我们上班的时候让他在奶奶的监督下“备课”，也就是把学过的词语复习抄写一遍，晚上回来，就让他给我们上课。儿子很看中这个“老师”的身份，所以备起课来十分认真。

另外，就算是游戏，我们也分了好多种。我一般不会让儿子一个人待在电视或电脑前，家里有很多益智玩具，像拼图、碰碰吸，我们只要有空，就陪他玩，跟他比赛，既好玩又开发智力。

这样算起来，儿子一天到晚都是在玩，但是他并不会因此耽误学习，反而会学到很多东西，所以我觉得，孩子爱玩的天性只要稍加引导，就能发挥很好的作用。

3. 以玩制玩

儿子有个表姐，学习、性格、自制能力都不错，而且颇有“领袖气质”。去年暑假我们就把孩子交给她，大孩子管小孩子绝对比我们直接管教有效。没多久，孩子就被管得服服帖帖。据他说表姐本事大得很，功课上有问必答，做游戏花样百出，玩电脑只赢不输，他从表姐那里学来不少“玩经”，表姐是他模仿的“偶像”。

我是看在眼里喜在心里，孩子的玩性被引上了轨道。一个暑假下来，孩子玩得尽兴，开学后我几乎没有费什么工夫让他收心。孩子的表姐也过了一番她的“领袖瘾”，写日记、做作文也有了内容。算是双赢吧。

今年放假前，孩子就提出要到舅舅家找表姐玩，我是一口答应，只等他表姐点头了。孩子大了一岁，虽然依旧爱玩，但是自控能力应该也在提高，结果应该更好。

4.制定弹性玩耍时间

放假第一天，刚吃完早饭，欣欣就跑出去找小朋友玩了，直到吃晚饭他才肯回来，还说没玩够呢。让他写日记，默写生词的时候，疯玩了一天的儿子却在小书桌前坐了一会儿就困了。我于是草拟了一个奖惩方法，要是欣欣按计划学习、玩耍，那下次就适当延长他出去玩耍的时间，要是他违反了规定，那下次出去玩的时间就要被扣掉。这几天下来，欣欣还真做得不错。不过看他学习的时候还是很不情愿的样子，我还在考虑要不要把他的小伙伴们请到家里来，一起学习，让他们比赛谁做得好做得快。小孩子就需要这样变着花样哄才行。

成长实用智慧

玩是儿童的天性，玩是儿童的权利，就像儿童要吃饭穿衣一样。玩作为儿童的不可剥夺的权利，是因为玩是儿童成长的需要，剥夺儿童的玩的权利有损于儿童的身心健康。

第九章

孩子不断提升自己

作为一个男孩你多看点书，多长点知识，这样说起话来才能不那么幼稚，才能有自己独到的观点。现在这年头不怕没文化就怕乱说话，对吧？书看多了，学的多了，就不容易出现这种问题。只有提升自己才能走向成功。

第四十一件事
培养孩子专注的精神

注意力不仅是一种学习上的能力，更是一种品质。试想，一个人没有专心致志、聚精会神、心无二用的钻研精神，怎么可能获得成功？又怎么可能获得他人的尊重？而注意力品质的培养，关键取决于家庭的教养环境，尤其是父母的教养态度与方法。聪慧而有教养的孩子背后总是站着伟大的父母，他们能够为孩子创造一个安静、简朴、有序的学习环境，致力于培养孩子的学习兴趣和注意力品质。

专注是成功的关键。专注是一个人注意力高度集中于某一事物的能力，是所有天才的共同特征。注意力的集中与否直接关系到一个人的某项工作或事业能否取得成功，而著名的科学家牛顿就是一个注意力非常集中的人。

牛顿一生中的绝大多数时间是在实验室中度过的。每次做实验的时候，牛顿总是通宵达旦，有时甚至是一连几个星期都在实验室里工作，不分白天和黑夜，直到把实验做完。

有一天，牛顿请一个朋友吃饭。朋友来了，可牛顿仍然在实验室里工作。朋友等了很长时间，还不见牛顿从实验室里出来，于是，他就自己到餐厅把煮好的鸡吃了。

过了一会儿，牛顿来到了餐厅。他看到碗里有许多鸡骨头，不觉惊奇地说：“噢，原来我已经吃过饭了。”于是，牛顿又回到实验室里继续工作。由于牛顿把注意力全部集中到了做实验上，才会忘记自己是否吃过饭。正是这种高度集中的注意力，才使牛顿在科学的领域里得到了丰硕的果实。

巴斯德是法国微生物学家和化学家。他对工作的认真态度和对问题追根究底的精神也是非常令人折服的。

他总喜欢在生活中为自己寻找难题。有一次，他突发奇想，对酸牛奶的形成产生了兴趣。他不时地拿起桌子上的一瓶酸牛奶，凝神思索着：酸牛奶的发酵，是由于化学变化呢，还是由于微生物的作用呢？当时世界上还没有一个人能回答这个问题。

为了解决这个问题，他将自己关在一个小而闷热的实验室，房间内四处堆满实验用的瓶子、玻璃管、蒸馏器、煤气灯、烘炉，还有各种气味难闻的化学药品。由于他终日沉迷在试验当中，他的手经常是脏的，他的额头也因为常常用手摸而变得污黑，他的衣服更是布满了污垢。他时而呆立不动，时而狂奔疾走，时而喃喃自语。见了他的人都说：巴斯德疯了。

巴斯德坚定地对自己说："揭开这个谜，对推进科学的发展是多么重要啊！难道就没有办法找出答案吗？一定是有一种方法的，我一定要找出来！"

不知经历了多少个不眠之夜，巴斯德一直废寝忘食地进行着他的实验。终于有一天，被人称作疯子的巴斯德突然发出了爽朗的笑声：我成功了！他用有力的科学实验证明了酸牛奶的发酵是由于微生物的作用，而不是化学作用。

一个人只有专注于一个目标上，才能在这个目标上取得成功。法国大作家巴尔扎克年轻的时候，曾经做过出版、印刷生意，但由于经营不善，结果他的企业破产了，他由此欠下了巨额债务。债权人经常深更半夜来敲他的门，警察局也发出了通缉令，要立即拘禁他。巴尔扎克到处躲避，最后，在实在没有办法的情况下，他只得偷偷地搬进了巴黎贫民区的一间小屋里。

巴尔扎克隐姓埋名，躲进这间不为外人所知的小屋。在小屋内他开始认真地反思：多少年来，自己一直游移不定，今天想做这个，明天又想做那个，结果什么都没有做好。巴尔扎克思考良久，发现自己多年来始终没有时间和精力来从事自己最喜欢的文学创作。在这间小屋里，巴尔扎克那颗浮躁不安的心逐渐平静下来，他从自己的储藏柜里拿出了拿破仑的小雕像，把它放在书桌上，同时，他在自己的书桌上贴上一张纸条："彼以剑锋创其始者，我将与笔锋竟其业。"决心用自己手中的笔来征服世界。

果然，最后巴尔扎克在文学上取得了巨大的成就。

因此，一个人要想干一番大事业，就一定要专注地做一件事情。如果今天想当作家，明天又想当银行家，后天又异想天开地想做艺术家，其结果只能是一生无所适从，最终一事无成。

成长实用智慧

人的大脑一部分全神贯注、高度兴奋，其他的部分就全部放松、高度抑制。处于高度兴奋的一部分，各种营养成分的供应都很充足时，就显得特别灵敏，就特别能理解和记忆，就特别能解决问题。所以，让孩子养成专心致志学习和做事的好习惯，实际上是交给他们一个成功的法宝。

第四十二件事
孩子喜欢提问是好事

人为什么要睡觉呢？兔子为什么跑得那么快呢？……孩子总会不停地问问题，他们无休止地问这问那经常把大人搞得很尴尬；他们离奇的“问”，也常把大人弄得瞠目结舌。孩子是世界的新客，他们对世界从一无所知到逐步认识，问，是他们认识世界的开始；问，是他们探究世界的内在动力；问，是他们观察发现世界的最好方式；问，是他们好奇心得到满足的突破口。所以，面对孩子的提问，我们要“蹲下来说话，抱起来交流，牵着手教育”。也许，他就是未来的科学家，你就是发现他的伯乐。

一、肯定孩子爱问的习惯

孩子在小时候对所听到的、见到的、小手摸到的都觉得很新鲜，这也是一种经验，他们的知识是由不同的经验而逐渐扩大的，对于很多事好奇，因而产生疑问，疑问就是儿童智慧之芽，若大人不让他的疑问得到满足，无形中将会摘掉其成长中的智慧之芽，是很可惜的。古人云：“学贵多疑。”不疑不进，小疑小进，大疑大进，多疑好问，通过思考解决了问题就获得了知识，就更有学问。

面对这些无休止的发问，父母应不失时机地帮助他们找到比较满意的答案。培养孩子爱问的习惯，家长要有意识地鼓励孩子多思多问。当孩子向我们提出问题时，应尽量给孩子以较圆满、正确的答案，并不失时机地肯定、表扬孩子爱动脑筋的习惯。

被人们称为“发明大王”的爱迪生，是美国著名的科学家和发明家。他的一生，仅是在专利局登记过的发明就有1328种。爱迪生小时候就非常爱问问题，他甚至问自己的母亲为什么自己不能够孵出小鸡。上学以后他仍然爱追根问底，经常把教师问得目瞪口呆，窘迫不堪。

有一回上算术课，教师在黑板上写下了“2+2=4”，爱迪生马上站起来问：“老师，2 加 2 为什么等于 4 呢？”这个问题把教师问住了，他认为爱迪生是个捣蛋鬼，专门和老师闹别扭，因此老师训斥他，并且把爱迪生的妈妈找来，当面数落她的儿子：“他脑子太笨了，成绩差得一塌糊涂，总是爱问一些不着边际的问题。我们真教不好你这样的儿子。”爱迪生的妈妈听了，觉得是老师不理解儿子，问题多是因为孩子爱思考，好奇心强，求知欲旺盛。她相信儿子的智力没有问题，而且比别人的孩子还要聪明很多。于是，她毅然对老师说：“既然这样，我就把我儿子带回家吧，我自己来教他。”老师听得愣住了，他实在不能理解这个“奇怪”的孩子还有他的“奇怪”的母亲。

从此，爱迪生的母亲就当起儿子的家庭教师。对于儿子的稀奇古怪的问题，只要是她知道的，她就努力回答，不知道的，她就让儿子去看书。当她发现儿子对物理和化学很感兴趣后，就给儿子买了本《派克科学读本》。她还劝丈夫把家里的小阁楼改造成儿子的小小实验室。就这样，在这个不怕被问“为什么”的母亲的教育下，爱迪生虽然没有在学校读过几年书，却搞出许多伟大的发明，为人类社会的发展做出了巨大的贡献。

生活中其实有很多像爱迪生一样喜欢问问题的孩子，他们的小脑瓜总是装满了“为什么”。许多人都对孩子那些异想天开、稀奇古怪的问题不加理会，或者轻易否定。爱迪生的妈妈却认真地对待，细心地回答孩子的每一个问题，这对培养孩子的想象能力、思维能力有很大帮助，使孩子强烈的求知欲望和好奇心不至于泯灭，从小就能养成勤于思考、勇于探索的习惯。爱迪生一生的成就就是有力的佐证。当你遇到“为什么只有晚上才能看到星星”“为什么地球是球形而不是个正方体”这类问题时，不要头痛，更不要厌烦，耐心一点，认真一些，甚至鼓励孩子多问问题，说不定你也能培养出一个发明家、科学家。

二、巧妙回答孩子的问题

小明今年5岁了，他的问题特别多，整天缠着大人问个没完没了，“为什么火车要在铁轨上跑？”“为什么鱼要在水中游？”“冬天河水为什么会结冰？”“为什么雨后会有彩虹？”，等等。面对这些不容易回答的问题，父母应该怎么办呢？

1. 当孩子提出为什么时，父母要表扬孩子肯动脑筋

在我们的生活中也会看到这样一种情况，当孩子提出问题时，有的父母嫌孩子缠人，会对孩子说：“去去去，不要问个没完没了，长大了你就会知道的。”这是不对的，这样做会扼杀孩子学习的积极性，长此下去，孩子会因为怕父母责骂而不敢再提问题。当孩子提出问题时，父母千万不能嫌麻烦，要鼓励、表扬孩子肯动脑筋，同时，要认真地和孩子一起探寻问题的答案。

2. 给孩子解答问题时，要多采用启发式方法

当孩子提出一个问题时，如果问题太难，考虑到孩子回答不出来，可以直接把答案告诉孩子。如果问题不是太难，孩子自己动脑筋后能够回答，父母则不要将问题的答案说出来，而要对孩子进行启发，鼓励孩子从多个角度去观察、去思考。例如当孩子问道：“糖在水中会溶解还是会沉淀？”这时就鼓励他：“你可以自己实验一下呀！”结果，孩子带着问题去探索，积极性就会特别高。通过实验，孩子知道了糖、盐、酒精、醋……都会溶解于水中；而石块、沙子、土……则会沉淀在水底。孩子经过自己动手实验得出了结论，很有成就感。在给孩子解答问题的同时，就应该教给孩子认识世界的科学方法，使孩子学会独立思考。

3. 有针对性地作答

孩子问:“月亮为什么跟着人走？”这个问题基本上蕴含了3种信息:情感、观察力和求知欲。不同年龄段的孩子发问的动机不同。4岁左右的孩子是出于对月亮的观察和喜爱，家长首先应对他的观察力表示惊喜，然后可用拟人化的方式回答：“因为月亮很喜欢你。”“月亮怕你跌倒，

所以帮你照亮前面的路。”再大一点的孩子是出于求知欲，这时他已经知道月亮离我们很远，可以回答：“月亮离我们很远，所以你走的时候，看起来月亮还在相同的地方，这就像我们坐在电车上时，觉得比较近的房子不断地往后退，而远处的高山却一动不动。”孩子提问题时往往有特定的背景，如年龄、知识面、情绪、生活习惯、家庭环境、学习环境等。回答问题时，家长要分辨孩子提问的动机，理解他提问的意义，再有针对地作答。

4. 对一些怪问题的回答要干脆、利落，讲究方式

有时孩子故意提一些怪问题，目的在于难住家长，然后和父母讲讲条件。对这种提问，家长要干脆、利落，不要让孩子的小聪明得逞。还有一些问题的回答要讲究方式，不要弄巧成拙。如一位孩子问妈妈：“我是从哪里来的？”正干活的妈妈随口告诉孩子说：“你是从河里捞来的。”结果，孩子每次从河边过都要看一看是否有小孩子。这位母亲的回答就使孩子没有归属感并且不科学。面对这个问题，家长可以把出生问题编成小故事讲给孩子听：爸爸把一颗种子放进妈妈的肚子里，种子会一天天长大，把妈妈的肚子撑得鼓鼓的，就像我们看到的邻居阿姨的肚子那样，等到种子成熟后，妈妈就把他生出来了，就像是你现在的样子呀！这样，孩子的好奇心得到了满足，问题也得到了科学的解释。

成长实用智慧

孩子问的知识知道就是知道，不知道就是不知道，不知道时要诚恳地向孩子说明，自己也不知道，可以邀请孩子共同查找资料，共同找寻答案，或者对孩子说：“等你上学后你自己会解决这个问题的。”这样做，可以激励孩子将来好好学习，探索未知的领域。

第四十三件事
提高男孩的智商

孩子聪明不聪明不在于孩子认识多少字，背诵几首儿歌，也不在于孩子上了什么特长班，掌握了什么技能，在日常生活中家长就可以提升孩子的智能。一个心理研究协会做了一项研究来检验遗传因素和家庭教育哪一个对孩子的智商影响较大。研究的结论是：遗传和家庭教育所起的作用几乎等同。

一、发现孩子的聪明特质

每一个孩子都是特殊的、不同的、独特的个体，而孩子所拥有的最大潜能就是源自此一特性。有创意的孩子常会做出别人意想不到的事，他们淘气、幽默，喜欢打破砂锅问到底，甚至有时放荡不羁，不按牌理出牌，也常自得其乐，有个快乐的童年。但大部分的孩子从出生开始就常被要求和别的孩子一样，父母都希望孩子听话，循规蹈矩，用功读书，时间一久，孩子禀赋的创意都被扼阻了。有学者曾提到：“创意在小孩子就像流鼻涕般常见，但长大后则很少看到。”

有创意的孩子像猫一样顽皮，他们比较快乐。许多研究发现，有创意的孩子具有下列特质：

(1) 比较独立、自律，有时会反抗权威。

(2) 常捉弄别人，表现出小丑般的幽默，惹人开心。

(3) 适应环境的能力比较强。

(4) 喜欢冒险、挑战性的工作。

(5) 对例行公事及令人厌烦的事物，非常没有耐心。

(6) 发散思考能力强，记忆力好且会注意细节。

(7) 喜欢阅读，有广泛的知识背景。

(8) 常常需要较多时间思考。

(9) 对有兴趣的事非常专注。

(10) 敏感，好奇，有丰富的想象力，感觉特别灵敏，如听到某种声音就想到某种颜色。

二、刺激孩子的聪明

从孩子出生的那一刹那，我们就应该开始关注他所受的刺激了。现在很多产科大夫都会建议产妇们尽量能够自然生产，那是因为自然生下的小孩离开子宫后，可以在产道中受到挤压、刺激，所以更健康、聪明。

1. 自然刺激

刚出生的孩子，我们要选择一些有声音、颜色鲜艳、有动感的玩具，这时候，对感官的刺激训练就开始了。另外父母亲的笑容、陪伴和言语刺激等等是不可缺少的刺激。对于低龄的孩子来说，父母亲的抚触也非常重要。抚触是每个人都需要的，成年人也需要握手、拥抱，对孩子来说更为必要，这不仅能开发孩子的触觉能力，促进他们成长，还传递着父母的爱心，让孩子产生良好的情感体验，培养健康的心态，是亲子交流的绝佳手段。父母亲对孩子的抚摩应该在孩子清醒时进行，父母一定要洗净手，除去戒指、手链、腕表之类的饰物，以免划伤孩子。抚触时用力要轻柔，时间不宜过长，每天五六次，每次三四分钟即可。

等到孩子稍微大一些的时候，父母可以带孩子多接触自然环境，观赏花草、聆听大自然的各种声音、逛公园、旅游等，在这些接触自然环境的过程中锻炼孩子各种感官的敏锐性，培养孩子的观察能力，提高他的感知能力。

2. 活动刺激

孩子的任何能力都是在活动中得到体现，也是在活动中得到锻炼的。所以我们要为孩子提供各种各样的活动机会，比如鼓励他和同伴去游戏、交往，参加竞赛、演讲、辩论、公益活动，等等，培养他们的语言表达能力和人际交往能力，提高生活中的娱乐性和趣味性。引导孩子多使用左眼、左耳、左手、左脚，发挥其功能，促进右脑的发育。

很多父母会比较注重孩子的安全性而忽视了孩子的活动需求，会对孩子提很多的限制，这些限制会牢牢地捆住孩子的手脚而影响孩子的身心发展。比较正确的做法是家长一边鼓励孩子参与活动，一边用加强监护和安全教育来预防安全问题的发生，因噎废食是不可取的做法。

3. 兴趣刺激

父母可以有意识地去发现或者培养孩子各种各样的兴趣爱好，比如可以让孩子参加集邮、摄影、下棋、收藏、插花、剪报、饲养小动物等等兴趣活动，这些兴趣爱好不仅可以开发孩子的智力，而且可以磨炼孩子的耐心和意志力。

在孩子的兴趣爱好中，往往隐藏着孩子的潜能，因为一个孩子在参加自己感兴趣的活动时，他的潜能最容易被激发出来，也容易去克服困难，坚持到底。

著名的教育专家王财贵先生给家长提过如下建议：在孩子三岁以前，家长可以把世界名曲作为家庭的背景音乐让孩子熏陶其中，因为这个时期是孩子对音乐的敏感期。你的孩子三岁前可以不学乐理，但不可错过听音乐的最佳时机。他还建议在孩子三岁前，让他看遍世界名画、世界著名风景和建筑物的画片，让这些美的“画面”深深地印在孩子的脑海里。未来，这些音乐和画面将会成为一个孩子最宝贵的“艺术财富”，在他的生命中慢慢散发出艺术的气息来。

成长实用智慧

无论是遗传决定智商，还是环境影响智商……总之，智商是可以后天提高的。最新的研究成果表明：中等智商程度以上的孩子，都可以通过后天的学习以及不断的积累达到提高智商的目的。不能否认的是，智商和其他特征（诸如人的肤色、体重、相貌）一样，也都受着遗传因素的影响，但是遗传的特质是完全可以改变的。

第四十四件事 男孩要增强自己的想象力

爱因斯坦指出："想象力比知识更重要，因为知识是有限的，而想象力概括着世界上的一切，推动着进步，并且是知识进化的源泉。"对于孩子来说，想象对他们一生创造力的发展有重要意义。家长应尽量发掘孩子进行活动的想象能力，对于孩子富有想象力的图画，凭自己想象拼搭的东西、自编的故事等，都应该给予肯定和赞赏。千万不要用成人的标准去要求和评价孩子的创作。

年轻妈妈一定注意到，自己的孩子特别会想象：有时候他会告诉你，他就是哈利·波特；有时候他可能会告诉你，他想和蓝猫一样去遨游太空呢！也许，你会忍住笑，点头同意他的意见；也许你情绪正不佳，便否定他："瞎讲什么，异想天开！"

年轻的妈妈们如果发现孩子有一些较夸张的想法，应该注意保护，千万不能横加批评，挫伤孩子想象力的发展。我们都知道创造力是一个人智力水平的集中体现，但它离不开想象力的支持。可以说，没有丰富的想象力，创造力无从谈起。我们在平日的生活中，要给孩子充分想象的空间，也许孩子有时的比喻并不恰当，但妈妈应予以适当的肯定。

有一天晚饭后妈妈带着孩子去散步，忽然孩子兴奋地看着月亮说："妈妈，今天的月亮很漂亮，像一只灯泡！"妈妈忍不住大笑，因为从来不曾有人将月亮比成灯泡。孩子顿时愣在那里，他一定感到自己说了什么傻话。此时妈妈马上意识到自己犯了一个错误，为什么年幼的孩子不能有自己的想象？古人比喻月亮像一个明晃晃的铜镜，现在的小孩到哪里去见这样的镜子？如果妈妈今天对孩子说，月亮根本不像灯泡，它像一面镜子，孩子可能从今以后再也不会想象月亮是其他东西了。十几天后的一个晚上，孩子又注意到月亮，同样兴奋地告诉妈妈说，今天的月亮像个香蕉。妈妈这次微笑着点点头，说："很好，今天的月亮弯弯的，非常像香蕉。"也许，妈妈的心里从来不曾认为月亮与香蕉有何相像，但今天经孩子这么一说，哎，还真的有些像呢！

一、利用神话和儿歌启发想象

德国诗人歌德幼年时，母亲就常常给他讲神话故事。讲到最惊险处就停住了，以后的情节让歌德自己去想象。幼年时的歌德为此做过多种设想。有时他和奶奶一同谈论故事情节，然后再等待着第二天故事情节的"公布"。第二天，母亲在讲故事前，先让歌德说一说自己是如何设想的，然后再把故事情节讲出来。这样，歌德的想象力和思维力得到发展，这也为他以后的创作打下了良好的基础。

美国语言学教授斯特娜夫人也非常认同神话和儿歌的作用，他说："没有风趣的人干什么都只论事实，排斥想象。他们甚至把圣诞老人和仙女从家里撵走。他们的这种干巴巴的生活态度也传染到对孩子的教育中。他们认为违反事实的传说和不合情理的儿歌等对孩子有害无益，他们更不懂得传说和儿歌能够陶冶孩子的品德。事实上，即使大人的生活，没有想象也是无趣的，何况孩子们。因此，从家庭里撵走圣诞老人和仙女，就如同撵走朋友和抛弃玩具一样，对孩子来说是残酷无情的。"

在培养孩子的想象力和行为习惯方面，神话和儿歌会起到神奇般的作用。因此，斯特娜夫人非常重视利用它们来教育自己的儿子小维尼。她在书中有如下的记录："我的家中不排斥仙女，我经常给儿子讲传说和儿歌，使他知道大自然是仙女居住的可爱世界，因此，他从小就爱大自然。同时，他还从传说和儿歌中学到了许多优秀的道德和品质，如正直、亲切、勇敢、克己等。”

由于孩子们来到人世间还没有多久，没有任何的社会经验。在他们眼中根本没有善、恶、是、非的存在。给他们讲述传说和儿歌是让他们分清善恶的最好方法。斯特娜夫人还用这种方法矫正儿子的不良行为，巩固和发展她的一些好的方面。

为了发展小维尼的想象力，斯特娜夫人不仅同儿子讲述已有的传说和童话，而且还让他看有趣的画，进而让儿子讲述自编的故事，并鼓励他把故事写成文章。为了发展儿子的想象力，她还和儿子各自交了一个想象的朋友，她写道：“我和小维尼各有一位想象的朋友，一个叫内里，另一个叫鲁西。当我们住在农村远离朋友们时，我们就请出两个想象的朋友，这样我们可以4个人一起玩。所以小维尼任何时候也不会感到无聊、苦恼。令人可笑的是，有一次保姆说：‘太太，你的儿子有些怪，好像是在和幽灵玩。’”

利用绘画启发想象

图像能够激发孩子的想象能力，父母应有意识地让孩子多接触各种图画，并鼓励孩子试着以此为基础画出来。

绘画最易诱发儿童的想象力，也是最为儿童所喜欢的一种形象表现形式。孩子虽然画技不高，但却能表达其思维活动过程。对儿童的画，不要只追求画得多么“像”，而应鼓励他“想”得越多越好。

北京市和平里四小就是一个注重培养孩子创造力的学校。有一天，日本教育代表团来校观摩四年级的美术课。美术老师胡明亮画了一只流着眼泪的小鸭子，让同学们以这只鸭子为主题，当场创作一幅图画。30分钟后，全班36名同学创作出37幅画，令日本教育家们大为惊讶，连连称赞："中国的孩子太富有想象力了！"

孩子们都画了些什么呢？

赵亦鑫画的是《失去自由》：小鸭子被关在铁笼子里，望着一群高飞的大雁在默默地流泪。

陈溪画的是《不准动！》：一个带着假面具的人，正用枪口对准一只流泪的小鸭子。

李佳画的是《水污染》：小鸭子从被污染了的河里叼起一条小鱼，而小鱼只有骨头架子，小鸭子伤心地哭了。

最精彩的是唐小晰的《触景生情》：一只小鸭子呆呆地站在"烤鸭店"门前，看到爸爸妈妈都被挂起来烤熟了，自己成了"孤儿"，不禁伤心地流下了眼泪。

如果我们的父母都能像胡明亮老师这样教孩子，让孩子们充分张开想象的翅膀，那孩子可就解放了。

二、用游戏启发想象

爱做游戏是儿童的天性，对于孩子的自发游戏，父母应该给予关注。游戏对儿童来讲，就如同成人的工作、学习一样，是发展孩子想象力最好的活动。孩子在游戏中模仿成人的多种活动，凭借想象扮演多种角色，表现多种生活情境，自己动手解决游戏中遇到的困难和问题。例如，用积木搭娃娃床，用杯子当锅给娃娃做饭，用圆环做方向盘开汽车，用纸撕成条做面条等；或与小伙伴共同商议分配角色、安排活动。当孩子在认真思考这些问题的过程中，游戏的情节也具体化了，孩子的创造力也随之得到了发展。犹太人家庭中最常玩的游戏就是让孩子拣圆豆。方法是把绿豆、黄豆或其他圆形的、体积小的、颜色不同的物体混合放在一个盘子里。再准备四五个不同颜色的小碗，让孩子从盘子里取出豆子或其他物体，并把它们分门别类地放入不同颜色的小碗里，这个游戏可以让孩子通过辨别颜色、形状和大小来激发想象力。

有的父母因不了解孩子们的想象世界，当孩子用木片和纸盒等建造城市、宫殿时，他们为了收拾屋子，往往不向孩子打招呼就破坏了孩子的游戏，这就无情地摧残了孩子的精神世界。这样做非常不对。他们的这一举动，不仅剥夺了孩子的幸福和游戏的欢乐，而且有碍于孩子的成长和发展。

成长实用智慧

许多父母抱怨没有时间教育孩子，其实在生活中无时无刻不存在着教育的机会，生活中充满了各学科知识，父母完全可以有机会利用孩子开心、感兴趣的时候，一点一点积累，孩子以后在上课学习时再遇到这些内容就不会觉得枯燥了。

第四十五件事
提升孩子的记忆力

记忆在智力结构中占有重要地位，是智力活动的基础。人的智力结构中的诸多因素都离不开记忆，没有记忆，无论是观察、想象、思维都无法进行，所以我们要加强对孩子记忆力的培养，以提高孩子的智力水平。

你可能遇到过这样的情况，当你问5岁的儿子今天在幼儿园都做了什么，他总是回答你："我忘记了。"即使你引导他，问他："今天你在操场上都做了什么？"他好像仍然大脑一片空白，什么也说不出来。这时，他不是不想说，也不是故作深沉，而是他真的忘记了。忘记自己吃什么了、做什么了，对于五六岁的孩子一点也不奇怪。

其实，记忆力和孩子能学会的知识一样，也是一种技能，是可以通过锻炼提高的。也许有些父母会问，在日常养育中如何训练孩子的记忆力呢？我们认为，儿童的生活经验很少，训练记忆力可从掌握周围的日常生活知识中培养，这里有一些方法供家长参考：

在日常生活中，给孩子提出各种记忆任务，培养孩子的记忆习惯。比如周末带孩子去动物园之前，提醒让孩子留心动物园中有哪些动物、哪些植物，各种动物长得什么样等，晚上回家后要求孩子说给爷爷奶奶或其他人听。孩子复述时可以帮他们记录下来，使孩子产生一定的成就感。或者在讲故事前，让孩子注意故事中讲了哪些人、他们在干什么、说了什么话等。给孩子提出的记忆任务要尽量具体、难度适中，当孩子完成任务时要及时给予积极的反馈。

孩子要有自己专用的毛巾、牙刷、牙杯和牙膏。把孩子的用具和爸爸妈妈的放在一起，每次洗漱时，让孩子自己拿取用具。换用毛巾、牙刷、牙膏时，挑选与原物不同色彩、不同形状或不同形象的物品，向孩子展示一下新用具，让他们比较与旧用具有什么不同。如果孩子一时说不出，可拿出旧用具让孩子比较。在下次洗漱时，看孩子能否正确取出自己的新用具，并让他回忆新旧用具的不同之处。孩子对有“自主权”的东西有强烈的占有意识，利用孩子的这种独立意识进行训练，孩子会自觉地加强记忆。

利用游戏，让孩子在玩中记。“哪里没有兴趣，哪里就没有记忆。”歌德的话正好说中了幼儿的记忆特点。明智的家长绝不能“命令”孩子记住这、记住那，而是让孩子在玩中学、玩中记。你只要想想“你拍一，我拍一，早早睡觉早早起……”这样的拍手歌，就不难想象利用游戏可以让孩子无意间记住多少东西了。可以训练幼儿记忆力的游戏很多，如说歌谣、讲故事、猜谜语、唱儿歌等。

把孩子喜欢的玩具排成一队，举办庄严的命名仪式，让孩子为它们起名。可以从三个玩具开始，逐渐增加玩具。在孩子眼睛里，玩具都是伙伴，拟人化的命名，他们认为理所当然，因为孩子有名字，伙伴怎能没名字？而且由他们命名，他们当然更为兴奋。哪怕他们起的名字听上去含糊不清、不知所云、变化多端也没关系，主要的训练在于回忆他所起的名字。

要让孩子养成主动记忆的习惯，就要给他们布置记忆的“作业”，也就是要事先告知。比如，带孩子出去散步前，在家的爷爷、奶奶或其他人表示羡慕状，要求孩子回来后告诉他们看到了什么。要求必须具体、单一、指示清晰——看看大树下有没有花儿，花园里小桌子装好了吗，等等。“作业”由一项向几项发展，记忆对象由一个地点逐渐扩展到多个地点……给孩子提出各种记忆任务，会激发孩子的独立感与自豪感，对培养孩子的记忆习惯有强化作用。

给孩子讲一个简单的图画故事，事先提出要求：“等会儿你再讲给我听。”结合图画，你重复一些重点的语言、动作描述，重复的时候可以让孩子跟着复述，然后让孩子以图为助给你讲故事，在他们有困难的地方适当提醒一下。如果他讲的与图书不一致也不要去纠正，应肯定他的合理创造；如果不合理而导致故事无法继续，就适当帮他“拐个弯儿”继续进行。如果能帮孩子录音下来，再以赞赏的态度放给他和亲朋听，会让孩子很有成就感，效果更佳。

在准备出去拜访客人之前，交给孩子一个任务：出门的时候让孩子提醒你带上某件礼物。把礼物放置在不太醒目的地方，然后带领孩子跟你一起做繁忙的出门准备，看最后孩子能否记得提醒你。让孩子一起做繁忙的出门准备，转移了孩子对礼物的注意力，调动起孩子的兴奋情绪，这对孩子的记忆力是个不小的考验。这个游戏对纠正丢三落四、粗心大意的习惯也有一定的作用。

把孩子熟悉的玩具藏在一个纸盒里，或孩子可以看到的某个容器里面。你形容一下跟玩具有关的记忆特征，比如，我们昨天给它洗过澡的，某某小朋友很想玩的……让孩子猜一猜，纸盒里面藏的是什么玩具。

这个游戏让孩子从瞬时记忆转向短时记忆和长时记忆，不但训练记忆力，对语言的理解力也有促进作用。

给孩子一组同类物品的卡片，这些物品要在他们认知的范围里，比如衣物、水果、家具等。一组五六张、七八张不等，根据孩子的能力而定。让孩子说一说它们分别是什么，比如：衣服、裤子、裙子等。然后让孩子背过身，你再混进一张不同类卡片，看孩子能否指出多了什么。用这种方法训练记忆，不但强化记忆能力，还能让孩子形成归类的思维方式。

带孩子去购物时，让孩子数商店橱窗中商品的个数。家长和孩子对比一下，看谁数得对，数得快。也可以增加一点难度，让孩子记住橱窗里商品后走开，过一会儿再回忆，看一看记住了多少。

让孩子数天上的星星，至少数30个。数星星是件很难的事情，要求孩子的注意力高度集中，才不会受其他星星的干扰。在数的过程中容易发生的事是忘了刚才数过的星星，结果数重了。此时家长要告诉孩子，数重了要重新数。

成长实用智慧

制订计划，家长和孩子商量明天要做的事情，例如，早晨干什么，中午干什么，晚上干什么。第二天，家长不要提醒孩子，到睡觉前看孩子计划执行得怎么样。

第十章

好成绩男孩要多一点兴趣

男孩的学习兴趣是多方面的，各种各样的兴趣爱好，都使男孩的认识和各种技能得到提高，只要父母多用一点时间，多一点耐心，多一些鼓励，多一点引导，多和孩子共同学习和玩耍，孩子的多种学习兴趣就会培养起来。

第四十六件事
让音乐激发男孩的成长

音乐是情感的艺术，即便是一首最简单的幼儿歌曲，也饱含着情感，表达一定的思想内容。欣赏、学习音乐，对孩子情操的陶冶、情绪的调节、思维的开拓等方面都会有很大的益处。

记得有人说过“音乐是天使在唱歌”，也有人说“学音乐的孩子不会变坏”，……其实音乐的好处远远不止这些，它就像一个大大的礼盒，里面有很多让我们惊喜的礼物。也许孩子年纪还小的时候，无法完全领略，但随着成长，他会发现，这些东西值得用一生的时间来慢慢领略、享受。

一、学音乐的好处

1. 智慧

音乐可以让男孩变得更聪明。这是因为音乐能刺激孩子大脑的发育，令他们的小脑袋变得更灵敏、更协调，不但能锻炼他们的记忆力和感受力、发展他们的空间感和时间感，而且对男孩的语言、数理、逻辑能力的提高都有很大的帮助。

2. 善良

音乐是离我们心灵最近的东西，为美好的音乐而感动几乎是人类的本能。尤其是孩子，他们的心灵还是一张纯净的白纸，音乐可以轻易在上面留下美妙的印记。试想一下，这样一颗被音乐滋养过的丰富敏感的小小心灵，怎能轻易被污染呢？

3. 想象力

这个世界上恐怕很难有什么东西比音乐更抽象了，它只是一组声音，转瞬即逝；但音乐又是世界上内涵最丰富的东西，因为它留给我们的想象空间是无边无际的。所以，音乐对孩子想象能力的培养是任何别的东西都无法比拟的。

4. 创造力

孩子对音乐的想象不是被动的，而是融入了他对这个世界的感受和记忆，也激发着他自己的创造力。不信，你看那些喜欢音乐的小男孩，谁不会哼哼些自己“发明”的小调呢？别听他哼得不着调，这可是孩子即兴发挥着自己的艺术创造力呢！

5. 丰富的情感

世界上有多少优美的旋律？这些旋律里蕴含着多少不同的情感？正是如此丰富多彩的音乐世界，才能培养出一颗丰富细腻的心灵。

6. 优雅的气质

艺术对人的影响是“润物细无声”的，听熟、练会几首曲子并不能改变一个孩子，但音乐长期的感染和熏陶，必定能让孩子变得宁静优雅，对生活中美的一切也会显得更加敏感和陶醉。

7. 快乐

所有的孩子在听到自己喜欢的音乐时，都会露出开心的表情，有些还会随着音乐“手舞足蹈”。这是他们不需要任何学习就能得到的快乐享受。

然而，有些孩子对音乐不感兴趣，成人应怎样培养孩子对音乐的兴趣呢？

1. 灵活、多样的教学法

男孩天真可爱、活泼好动，没有较好的自控能力，所以运用动静交替，情景交融等各种形象生动的方法，让幼儿在动、听、看、辨、唱的趣味实践中体验寻找音乐——感受音乐——理解音乐——鉴赏音乐——表现音乐的全历程。

2. 选择不同的音乐素材提高幼儿分辨音乐的能力

在进行音乐欣赏时，教材的选择直接关系到男孩对音乐欣赏的兴趣。选材应注意幼儿的可接受性、可接纳性。不同音乐会带给孩子不同的感受。

当然，音乐的选材是很重要的，要能吸引孩子。音乐的选材必要贴近幼儿生活，能让幼儿有切身的体验，他们才能对音乐产生表现的欲望。

3. 设计好教学语，增添音乐的特有情趣

活动组织的音乐教学语，是指在音乐活动中点缀性的音乐语言，如活动前后问好等常规，就可用音乐的形式来表现，放一段欢快的音乐让幼儿做律动，表示音乐活动开始了，既可突出音乐活动的特点，又可激发孩子的兴趣，还可间接传授知识。

节奏语，即用拍击身体动作来表示，用在活动中，可以使孩子感受音乐速度、力度等，培养幼儿节奏感，这对歌曲进行打击乐可发挥较大的作用。

手势语，即用教师的手势代替语言，它可起到“此时无声胜有声”的效果，通过手势可更加容易和直接地向孩子及时传递和表达出内心的情感以及歌曲的内涵。

体态语，体态语通过教师的动作表情传递给小朋友，能起到“心有灵犀一点通”的效应，一般来讲，主要是眼睛和脸部的各种神态和表情，它以无声的语言向幼儿表露和传递内心的情感。炯炯有神的坚定的目光和洋溢欢欣的笑脸，能使幼儿情绪激昂，精力倍增。

总之，我们要不断提高孩子的兴趣，在音乐教学中融入深厚的感情，通过音乐的艺术形象激发孩子的美感，让他们喜爱音乐融入音乐，让我们共同探索，充分发挥音乐教育的特有功能，促进孩子身心的全面和谐发展。

成长实用智慧

当然，音乐的表现手法还有很多，唱歌、朗诵、绘画、舞蹈等。音乐欣赏激发幼儿的创新欲望和兴趣，针对不同的音乐选择不同的表现方法。从而更好地发展了幼儿的创新能力。

第四十七件事
让男孩多点绘画的兴趣

现在的家长都希望孩子在学习之余，能够学一门才艺，绘画是很多孩子和家长选择的项目。在孩子学习画画时，家长应该提供怎样的帮助，怎样才能激发孩子的绘画兴趣呢？

1. 孩子画画，是在释放看到和感受到的东西

在很多人眼中，孩子学习美术可能简单理解为画画，其实美术是涵盖范围很广的概念。美术首先是美的追述，是营造美的一种技术和方式。成人和孩子看待美术的角度是不一样的。在成人眼中，一般觉得是与世俗的、现实的、功利性的东西有关系，比如油画、雕塑、建筑工程等，都是围绕商品经济来的。但是在孩子眼中是完全不一样的，他们心中的美术就是无拘无束地学画，去释放他们看到的和感受到的东西，从中获得一些满足和成就感。

有人认为自己的孩子没有什么美术天赋，其实刚出生的孩子天赋是一样的，只是有些孩子在接触过程中受到了干扰，有些孩子受到了保护和鼓励。家长是孩子的第一位教师，孩子的兴趣和家长有密切的关系。所以家长要去发现、引导孩子，这样对孩子的影响是很深远的。

苹果的创始人乔布斯，他对艺术史非常感兴趣，也非常有研究，他曾经回到母校对毕业生做了一个报告，提了三个方面的问题。第一个就是他的出身，第二个就是他从大学退学后如何去学习艺术。第三个就是他创建苹果的过程。他说如果没有学习艺术，没有学习排版和平面设计

等，可能就不会有苹果的某些设计。如果一个人既掌握了艺术又掌握了科学，他才是真正能拥有未来的人。

2. 美术启蒙，不要责怪孩子在墙上乱画

启蒙孩子的美术兴趣要注意：宽容、鼓励和支持。怎么理解宽容呢？孩子从小不会讲话，不能跟别人交流，能反映他想法的就是画画，孩子能画出某些东西，是头脑里想到的东西，所以不要限定孩子的形式和方法，不能规定要用什么笔什么纸在什么地方画，家长反而要提供更多供孩子表达的方式，充分发挥自己的想象力和手动能力，达到心灵手巧。

孩子画画要多给予鼓励，不要责怪孩子画得不对，不要责怪孩子在墙上乱画，给孩子充分的空间和时间，孩子就会自信，就会突破。美术是要让人愉悦的，有神圣的美，庄严的美，等等，快乐就是美。此外，家长还要多支持。孩子纯粹的涂鸦也好，玩泥巴也好，不要干涉孩子。同时给孩子充足的资料来源，给孩子看合适的范本，选大师的作品。大师的画都是长期的生活和阅历的积累，蕴含了丰富的人生哲理。

我们成人可能觉得毕加索的画不好看，可孩子就很喜欢。毕加索曾经讲过："我是在花毕生的经历，企图恢复孩童时期的感觉。"说明人的美感是与生俱来的，艺术的魅力就在于无国界，无种类，人和动物有时也能产生共鸣。我国著名的美术教育家丰子恺的作品很有孩子味，手笔、主题和形式孩子都很喜欢。

3. 外出旅行，引导孩子欣赏美术作品

家长们带孩子出去旅行多选择到一些博物馆和文化古迹去。让孩子看成人作品。家长带孩子外出，也需要做功课，在情节性、故事性、趣味性中，引导孩子进入美术的殿堂。

情节性，可以告诉孩子作者是在什么情况下创作的作品，而不是讲述意义和目的。画画其实和写文章是异曲同工的，作家是通过文字表达自己的感受，画家和雕塑家是要用形象来表达自己的感受。

故事性，就是家长可以从作品本身的故事来讲，比如它从哪儿来，经历了哪些故事，这些深入简出的过程就容易听得懂。

趣味性，是故事本身有趣和讲法有趣，任何一部史书都无法还原历史，所以我们每个人都是历史的作者，这样就有无数种角度和方法来解释绘画雕刻等。

梵·高的《割耳朵后的自画像》就有个故事，梵·高邀请艺术家高更来阿尔同住，起初他们相处愉快，但随着梵高病情反复，两个艺术家却是不断争吵。在一场剧烈争执后，高更大怒而去，梵·高无法阻止，亦无法抑制自己的激动，竟割下自己的右耳。艺术是反映人真实的本性和灵魂，家长这样给孩子讲故事，打动了孩子，孩子也爱上艺术作品。

成长实用智慧

带领孩子在室内墙上布置一些美术作品，也可以一起收集美术印刷品，如年画、挂历、装饰盒等，甚至把孩子的画挂在墙上，并让孩子看着自己的画讲述，使孩子在环境的熏陶下提高学习绘画的兴趣。绘画是创造性的劳动，不能只满足于提高模仿能力。在平时，家长应多给孩子创造机会，有意识地扩大孩子眼界。

第四十八件事
适量的运动可使孩子脑筋更灵活

儿童时期是人形成良好习惯的关键期，此时孩子在生理上处于生长发育和素质发展的敏感期，人的可塑性大，最容易接受成人的引导与训练，正是养成自觉锻炼身体习惯的好机会。如果错过了，随着年龄的增长，由于受旧习惯的干扰，新习惯就难以形成。

一、摆脱认识上的误区

现在的孩子普遍缺乏运动，那么是哪些因素阻碍了孩子参加运动呢？除了课业负担重造成的活动时间少以及缺乏合适的活动场所等因素外，另一个重要原因是，许多父母在如何帮助孩子成长的问题上存在认识上的误区，从而忽视体育锻炼在孩子成长中的作用。

一是认为“孩子的学习是最重要的，有时间才能运动”，调查显示，有35.3%的父母持这样的态度。在学生学习负担普遍过重的情况下，孩子在课余时间的体育活动很难得到父母的支持和鼓励。“学习这么紧张，你还有心思踢球”之类的语言，常常是父母对孩子的告诫。

二是有的父母把孩子体育锻炼的目的只是定位在醒脑上，学累了、考完了才能“活动活动”，绝对不能让体育锻炼分了孩子的心。在一些家庭中，就连孩子看电视中的体育节目也遭到父母的拒绝，影响了对孩子的体育兴趣的培养。

三是孩子学习好、不生病就行了，没必要花费专门的时间进行锻炼。许多父母把孩子的体育锻炼仅仅作为学校体育课的内容，关心的只是孩子的体育成绩对升学的影响。

四是有的父母送孩子参加运动队的目的是觉得孩子“不是学习的料儿”，把培养体育特长作为职业出路。也有的父母对孩子体育特长的培养是为了作为升学加分的条件。

五是认为要使孩子身体好，就要吃好、营养好。许多父母热衷于给孩子做好吃的，买营养保健品，而没有意识到运动健身的重要。

由于父母认识上的这些误区，很难从培养孩子全面发展的角度，有意识地把孩子的体育锻炼作为教育中不可缺少的内容，培养孩子体育锻炼的习惯在相当多的家庭中成为“盲点”。孩子的健康成长离不开体育锻炼。父母要处理好孩子的学习与锻炼的关系，要把运动健身作为孩子成长的动力，作为对孩子心灵与意志的磨炼，作为孩子提高适应社会能力的有效锻炼方式。要认识到运动健身是培养孩子全面发展的必不可少的一部分，而不是额外的、可有可无的事情。

运动可以帮助孩子减去脂肪、锻炼骨骼和肌肉，建立身体的协调性，孩子适当地进行身体锻炼，会为他们拥有健康的身体打下良好的基础。

运动给孩子带来快乐，让孩子具有合作精神。让孩子经常到户外去，在新鲜的空气和温暖的阳光中跑一跑、跳一跳，不仅能活跃孩子体内的代谢系统、增强身体素质，还能让孩子有机会接触更多的人，使孩子在锻炼的同时感到交往的快乐。

跑步、登山等运动能增强孩子的身体素质，锻炼他们的肌肉，增进身体平衡能力，但不仅仅是这样，在户外，孩子还学会了分享和礼让，学会与人合作、做什么以及怎样去做。一旦冲突产生，他们可以自己解决矛盾，学会商量，学会利用集体的力量。

运动也是孩子和朋友、父母互相沟通的桥梁。可能就是一次玩耍、一次体育运动，可以让两个孩子的话题突然多了起来，今天踢足球的时候，谁跑得更快、谁射门最准、谁踢得更远等，都会成为孩子们的话题。父母和孩子的话题也会因为运动而变得宽泛起来。运动还可以增强孩子的自信心。如果孩子说：“我是一名小运动员。”其实是在说“我能做”，这对于孩子来说是非常重要的。运动给孩子提供了一个展现自己能力和技术水平的机会，当他们的技术越来越出色时，自信心也大大提高。

美国生理学家在一项实验中证实，适当的运动刺激可以有效地增强大脑的重量与皮质的厚度，更多的运动使孩子完成作业的速度和质量都有明显的提高。运动对孩子的智力发展也有积极的影响。这是因为，运动能促进孩子肌体的血液循环和呼吸频率，脑细胞可以得到更多的氧气和营养物质的供应，使代谢速度加快，大脑的活动也会越来越灵敏。再加上锻炼时肢体动作的千变万化，也会促使大脑的各个部位快速地做出相应的机能反应，就好像在为大脑神经做各种各样的“健脑体操”。每天进行适当的体育运动，还能帮助孩子提高睡眠质量、增强记忆。

现在对孩子来讲，身体是紧张学习的本钱，是适应社会激烈竞争的资本。无论是从孩子的现在考虑，还是为他的将来着想，父母都要帮助孩子树立健体意识，让孩子积极锻炼，练就强健身体，培养孩子坚强的意志、顽强的毅力、灵敏的反应、持久的耐力、不怕吃苦的精神等综合素质。

体育锻炼还对人的意志培养非常有效。在体育锻炼中，孩子要不断克服遇到的各种困难，如气候条件的变化、动作难度或意外的障碍等，同时还有主观困难，如胆怯和畏惧心理、疲劳和运动损伤等。锻炼者越能努力克服主观、客观的困难，也就越能培养良好的意志品质，将从锻炼中培养的意志品质运用到日常的学习、生活和工作中去。

实际上，体育锻炼既是身体的活动，又是心理的活动、社会的活动，对于人的心理健康和社会适应能力具有积极的促进作用。孩子可以在体育锻炼中，克服成长过程中出现的很多困难，从而给予自己自信和鼓励。孩子通过体育锻炼所获得的意志品质转化在学习、生活中同样可以克服困难和挫折。

在发达国家，父母普遍重视从小培养孩子的良好的意志品质，因为他们懂得，社会的竞争绝不仅仅是知识和智能的较量，更多的是意志和毅力的较量，没有坚强的意志，是不可能在激烈的竞争中获胜的。因而他们很注重孩子的体育锻炼，通过野营、露宿、徒步旅行等手段来培养孩子的坚强意志。在日本有一所阳光学校，经常组织多种体育活动。他们冬练三九、夏练三伏，让学生赤身裸体在野外跑步，给予成功者奖章以资鼓励。这就是在体育锻炼中培养孩子具有吃苦耐劳、承受挫折能力等良好的意志品质。

然而随着经济的迅速发展，物质生活条件日益优越。孩子生活在舒适富裕的环境里，得到父母百般细心的照顾与保护，普遍存在运动不足、缺乏锻炼的现象。孩子从小生活在养尊处优、安逸溺爱的环境中，缺乏经风浪傲霜雪的机会，意志薄弱、心理脆弱、身体孱弱成了这代人的通病。现在的孩子营养好了，体能却差了，很多人弱不禁风。体育课时，常有学生晕倒在操场上。有人说新一代学生"腿软"，但这种"腿软"很大程度是父母所造成的——父母无情地剥夺了孩子锻炼身体的机会。

不少孩子身体孱弱，抗病能力差，性格软弱，缺少吃苦耐劳精神。教育界和社会上有识之士对中国孩子随着生活的富裕身体日趋虚弱的情况感到担忧，他们认为：为了使下一代人拥有强健的体魄，必须让他们拥有坚强的意志和不怕艰难困苦的精神，必须让他们从小经受磨炼。

因此，建议父母在与孩子一起锻炼时，要注重对孩子的意志品质的培养，这些优良的意志品质，会使孩子成为经得起风吹雨打的意志坚强的人。

二、把握好运动的形式和强度

丰富多彩的活动可以使人感到身心愉悦，从小教育孩子积极参加体育锻炼，对孩子骨骼、肌肉、皮肤的健康发育及种种健美动作的形成都十分有利。经常进行体育锻炼，由于改善了人体的血液循环，提高了身体对营养物质的吸收，能使骨骼生长得更旺盛，更利于孩子的成长。

那么，孩子参加哪些体育运动有好处呢？最有利的锻炼项目是单杠、弹跳、游泳、吊环、自由体操、打篮球和引体向上。因为跳跃能够牵伸肌肉和韧带，有刺激软骨生长的作用；游泳可以使全身各部分都得到充分的舒展和锻炼；引体向上则可以拉伸脊椎，促进脊椎骨的生长，从而促进孩子的身体长高和发育。

但由于孩子身体各器官、组织尚未发育成熟，有着许多和成年人不同的生理特点，因此有些运动项目不适合他们参加。这些项目包括：

拔河。拔河比赛时运动强度大，对抗性强，需要很大的静止力和耐久力。孩子的心脏发育还不完善，心肌还很娇嫩，很难承受这样大力量性质的负荷。另外，拔河还容易造成腕关节脱臼和软组织损伤。

长跑。人的高矮主要取决于全身骨细胞的生长，参加大能量消耗的长跑运动，会使孩子营养入不敷出，骨细胞生长速度减慢，妨碍正常的生长发育。

倒立。尽管孩子的眼压调节功能较强，但如果经常进行倒立或每次倒立时间过长，会损害眼睛对眼压的调节能力。

掰手腕。孩子四肢各关节的关节囊比较松弛，坚固性较差，掰手腕容易发生扭伤。另外，如同拔河一样，屏气是掰手腕时的必然现象，这样会使胸腔内压力急剧上升，静脉血向心脏回流受阻，静脉内滞留的大量血液会猛烈地冲入心房，对心壁产生过强的刺激。

所以父母或老师在引导帮助孩子运动锻炼时，要好好把握运动形式和运动强度，以利于孩子的身体发育和健康。

成长实用智慧

父母是孩子的第一任老师，也是孩子最信赖的老师。父母的一言一行不仅影响着孩子的一朝一夕，有时还可能影响到孩子的一生一世。

第四十九件事
男孩要学一点舞蹈技巧

舞蹈艺术是儿童美育的手段之一，舞蹈给孩子的生活带来许多快乐。舞蹈要求动作优美，富有表情和节奏感，一般与音乐相结合，给人以强烈而直观的美的感受，可以培养孩子对体形美的认识和韵律感。家长可带孩子看歌舞晚会，指导孩子看电视舞蹈节目，丰富孩子的舞蹈知识，如有可能，可根据孩子的兴趣和要求参加社会举办的儿童舞蹈班和课外艺术团体。

一、重视舞蹈在幼教中的作用

幼儿时期正是他们身体成长、智力形成、习惯养成、陶冶情操的重要时期，对他们今后的健康成长十分重要。所以全面推进素质教育，必须从娃娃抓起。

音乐教育是素质教育的重要组成部分，幼儿舞蹈教育是幼儿音乐教育的一部分，它们都是属于幼儿园素质教育的范畴。在现代社会的艺术生活中，音乐与舞蹈各是一门独立的艺术，然而幼儿在进行音乐活动时，音乐与身体动作常常是不能分割的。瑞士音乐教育家达尔克洛兹说过：人类的情感是音乐的来源，而人的情感通常是由人的身体动作表现出来的，在人的身体中，包括发展、感受和分析音乐与情感的各种能力。因此学习音乐的起点，不是钢琴等乐器，而是人的体态活动。幼儿期是人一生中生理、心理发展成熟的重要阶段，开展舞蹈教育不仅可以发展孩子身体运动的机能，陶冶孩子性格和品德。而且还可以发展孩子的观察力、注意力、记忆力、思维能力，借助身体动作感受和表现音乐的能力。

（1）舞蹈可以发展孩子身体运动的机能

舞蹈是以经过提炼、组织、美化了的人体动作为主要艺术表现手段，是一种空间性、时间性、综合性的动态造型艺术。在构成舞蹈的诸要素中，动作是居于首位的，舞蹈即是以动作为重要表现手段的。幼儿舞蹈亦是如此，它与成人舞蹈所不同的是幼儿舞蹈是反映学龄前儿童的生活，表达他们思想、感情和态度的舞蹈。它是根据幼儿生理及年龄特点加以创编的。如果孩子经常参加生动活泼的舞蹈教育和活动，就可以增长他们的体力，促进骨骼、肌肉、呼吸、神经系统和循环系统的生理机能发育，加快新陈代谢，使他们的肌体不断生长发育，例如：学习舞蹈《嘀哩、嘀哩》，通过用手模仿小草在春风中轻轻摇摆和花儿开放的动作，可以促进孩子手指肌肉的灵活性和协调性，还可以促进指关节和腕关节、肘关节的灵活性；通过娃娃步、小碎步、蹦跳步等动作的学习可促进孩子的腿部肌肉的发育。在学习动作、练习动作表演这个舞蹈的过程中会呼吸加快、心跳加速、胃肠蠕动的次数增多，神经系统与循环系统也都积极参加活动。由此可见，舞蹈不仅能发展孩子动作的协调性和节奏感，而且对孩子身体机能健康发展有着不可忽视的作用。

（2）舞蹈可以陶冶孩子的性格和品德

一个人的性格不是天生的，也不是一朝一夕可以形成的。虽然人的生理条件，尤其是神经系统的特点，对性格的形成有一定的影响，但这种影响是微小的。人的性格是在长期的生活实践中，受到社会的各方面的影响和多方面的教育，长期塑造而成的。开展良好的舞蹈教育，可以使孩子在轻松、活泼、愉快的环境中通过身体动作去感受音乐形象，通过表情、动作表达自己的思想感情，易使孩子形成活泼、开朗、热情、大方的性格，因此，舞蹈也是孩子形成良好性格的重要工具。

二、培养孩子对舞蹈的兴趣

（1）父母最好自己也对舞蹈感兴趣。因为成人的举止、言谈、爱好，对孩子起到潜移默化的感染作用。

（2）可以利用电视、电影的传播媒介。有意识地带领孩子观看舞蹈表演，让孩子从中感受到舞蹈的优美，激发孩子的舞蹈情趣。

（3）为孩子创造一个美的环境。如窗户上可剪贴一些舞蹈造型的窗花；墙壁上可以剪贴一些舞蹈形体图；书橱里为孩子添置一些舞蹈画册等。让孩子观察、模仿、阅读，使孩子的生活空间充满舞蹈的情趣，由此对舞蹈产生兴趣。

（4）可经常播放一些优美、抒情、活泼的乐曲及孩子喜爱的乐曲，让孩子听一听，跳一跳。也可以采用一些有关小动物的乐曲，让孩子伴随乐曲蹦蹦跳跳，感受一下情趣。因为小动物形象生动，对孩子有吸引力，让孩子在音乐声中模仿小动物的动作，在观察中加以美化和创造。

（5）召开家庭音乐会。和孩子一起表演节目，一方面可以提高孩子对舞蹈的兴趣，另一方面成人可以与孩子进行沟通。

（6）根据孩子的爱好，制作一些动物头饰、服装、道具等。使孩子在愉快、欢乐、轻松的情景中，感受到舞蹈的高雅情趣。

平时，可以经常带孩子参加一些集体活动，让孩子感知艺术美，让优美的舞姿吸引孩子。成人可以给孩子讲一些关于艺术节方面的知识，尤其在舞蹈动作上加以儿童化、趣味化，以艺术化的语言来激发孩子对舞蹈的兴趣。久而久之，孩子一定会对舞蹈产生浓厚的兴趣。

成长实用智慧

对孩子进行舞蹈表演能力的培养。当孩子正在学习舞蹈时，成人应为孩子提供表演的机会，并根据舞蹈的音乐形象、节奏和舞蹈动作的语汇，启发孩子在理解舞蹈内容的基础上，创造性地通过舞蹈表演的形式表现出来。

第五十件事
男孩要多和大自然亲近

大自然是家长对孩子进行美育教育取之不尽的丰富源泉。大自然以其博大的胸怀向我们展示无垠的天空、澎湃的大海、逶迤的山峦、奔腾的江河、万紫千红的花草树木；朝霞、落日、白云、星空，都会引起孩子美的想象；昆虫、飞鸟、游鱼、蝴蝶，对孩子都有极大的吸引力。瑰丽的色彩、生动的形态、动听的音响、神奇的变化会使孩子感到其美无比、其乐无穷。

现在的孩子很少有机会与大自然亲近，很多孩子不认识禾苗，分不清麦苗和小草、不知芋艿长在哪儿的十分普遍，其实孩子非常向往绿色的田野，流淌的小溪，走动的家畜，家长应该把孩子从水泥地中解放出来，让他们投身到泥土的芳香中，充分发挥自然环境的特殊作用。

有的家长认为，儿童到外面去游玩，只是对健康有益，儿童小，不会理解大自然的美；还有的家长虽然带领孩子去登山、观海或游览名胜古迹，但没有自觉地引导孩子欣赏和体验自然界的美，只是为了游玩，这都是不对的。

大自然的美是多方面、多层次的，家长要和孩子一起去欣赏、领略。高高的山峰好似巨人巍然屹立，坚不可摧；苍松翠柏顽强地生长于悬崖峭壁，显示着旺盛的生命力；急湍的河流飞泻而下，似有千钧不挡之势；青青的小草平凡可爱……

自然界的美不仅表现为美丽如画的景色，而且还有悦耳的自然界音乐。这是一种特殊的乐曲，它是鸟儿的歌唱声，树叶的沙沙声，流水的潺潺声。

那么，走进自然看什么，怎么看？家庭应有具体的指导方法，

一、公园游

周末，父母尽量带着孩子去转转公园，那里是微缩的自然景观，亭台楼榭、花草树木、小桥流水、山石景观都有。在这里，可以欣赏到千姿百态的花草树木、玲珑的假山、潺潺流淌的小溪、呈现给我们的和谐、美丽、纯净。动物园里天鹅伸着长长的脖颈，不时展开洁白的翅膀上下翻飞，显出高雅端庄；长颈鹿独自傲立，仪态优雅；敦厚的大象如盘石一般稳重；灵巧的猴类动物上窜下跳，表现出灵长类动物所具有的特质；孔雀有意要与人比美，等待它展开那美丽的屏，你得煞费一番心劲儿；虎狮咆哮时显示出勇猛威武之美……这一切细细品味，韵味无穷。

公园之游，这是绝大多数家庭能够做到的，家长陪伴孩子尽情地游玩一天，一定会有收获。

二、四时景色的变换，也是教育孩子欣赏自然美的最好时机

初春来临，冰雪消融，大河解冻，田野一片嫩绿。这时最适于诱导孩子浓化热爱大自然的优美情趣。春季也是种植的季节，家长可以带领孩子在房前屋后，种点向日葵或花花草草，让他们经常照看，这样既可以培养他们爱劳动的习惯，又可以提高他们的审美能力。

炎热的夏季，常有阵雨，雨后天空往往出现彩虹，雨后空气新鲜，河边、池中的小鱼会钻出来，在碧绿的水草间游来游去，十分好玩。夏夜乘凉，草丛中的萤火虫带着小灯笼到处飞游，也会引起孩子无穷的遐想。

深秋降临，遍地是金黄色的庄稼，累累果实挂满枝头，白云似的棉桃，

火红的枫叶，金黄色的谷穗，变幻无穷的白云，这一切动人的景色，都能引起孩子极大的兴趣。

寒冬腊月，雪后放晴，银装裹着大地，天空一片湛蓝，雪花和冰柱构成了一个奇妙的童话世界，晶莹洁净，令人欣喜不已。这时，家长应该带领孩子扫雪，堆雪人，让孩子在白茫茫的雪景中，尽情地欢乐。

随着孩子年龄的增长和欣赏能力的不断提高，家长还可以带领他们到郊外或海滨观看日出或晚霞，一轮红日跃出，银波粼粼的海面，闪出了万道霞光……，这些神奇的景色，能给孩子们留下深刻的印象，终生难忘。

家长在引导孩子欣赏自然景色时，要边看边指点，边走边讲，有时还可停步欣赏，最好能用简练的语言向孩子描述景色，或者用儿歌来启发孩子的情感，使艺术语言和眼前的风景融合在一起，进一步启发孩子的灵感与想象力，加深对自然美的特点的领会，把孩子的思想感情带到优美的境界中去。例如欣赏春天的景色时，家长可以朗诵："是谁化开了河上的冰块？是谁送来了桃花的芳香？是谁叫醒了沉睡的麦苗，替它穿上绿衣裳？啊！是你呀，可爱的春姑娘！"用这种形象鲜明、通俗易懂的诗歌去培养孩子的审美能力，比单纯解释、说明，收效要好得多。

成长实用智慧

要解放孩子的头脑、双手、脚、空间、时间，使他们充分得到自由的生活，从自由的生活中得到真正的教育。